Gestão de concessionários de veículos

VALDNER PAPA e

CARLOS ALBERTO RIQUENA

Gestão de concessionários de veículos

EDITORA
ALAÚDE

O texto deste livro foi fixado conforme o acordo ortográfico vigente no Brasil desde 1º de janeiro de 2009.

REDAÇÃO E PRODUÇÃO DE TEXTO:
Rosângela Lotfi

PREPARAÇÃO:
Maria Sylvia Corrêa

REVISÃO:
Beatriz Chaves

IMPRESSÃO E ACABAMENTO:
EGB - Editora Gráfica Bernardi Ltda.

1º edição, 2011 (1 reimpressão)

Dados Internacionais de Catalogação na Publicação (CIP)
(Câmara Brasileira do Livro, SP , Brasil)

Papa, Valdner
Gestão de concessionários de veículos / Valdner Papa, Carlos Alberto Riquena. -- São Paulo : Alaúde Editorial, 2011.

ISBN 978-85-7881-086-3

1. Concessionárias de veículos - Administração 2. Sucesso em negócios 3. Veículos - Distribuição I. Riquena, Carlos Alberto. II. Título.

11-07518 CDD-658.9138832

Índices para catálogo sistemático:
1. Concessionárias de veículos : Administração 658.9138832

2013
Alaúde Editorial Ltda.
Rua Hildebrando Thomaz de Carvalho, 60
04012-120, São Paulo, SP
Tel.: (11) 5572-9474
www.alaude.com.br

Dedico este livro a meu pai, José Papa, amigo e incentivador de todas as horas; a minha mãe, Yolanda; a minha esposa, Marly; e a minhas filhas, Yolanda, Maria Carolina e Mirella, razões eternas de minha vida.

Valdner Papa

Ao meu pai, José Riquena Filho (in memoriam); e às minhas companheiras inseparáveis: Enilza, minha esposa, e Daniela, minha filha.

Carlos Alberto Riquena

UMA HOMENAGEM A CARLOS ALBERTO RIQUENA

Carlos Alberto Riquena foi um exemplo de profissional, de caráter e de retidão, dedicado à família e aos amigos, dono de uma sensibilidade rara que sempre marcou sua presença. Exerceu toda a sua atividade profissional na indústria automotriz, de autopeças a montadoras, além da rede de distribuição. Ascendeu na carreira, mas nunca se deixou acometer pela arrogância. Sabia que por maior que fosse seu conhecimento, ainda era pouco diante de tudo que poderia aprender e compartilhar. Com essa generosidade, almejou escrever este livro junto com o amigo Valdner Papa. Entusiasta e partícipe deste sonho compartilhado, contribuiu com informações, insights e bom-senso, para ajudar e cooperar com o crescimento e a consolidação do segmento automotivo no Brasil.

Este livro é uma pequena parte de seu legado àqueles que tiveram (ou não) o privilégio de conhecê-lo e conviver com ele.

Nossos agradecimentos também à família Riquena que, com igual generosidade, permitiu a materialização desse ideal.

Valdner Papa

SUMÁRIO

PREFÁCIO

É um prazer e, de certa forma, uma tarefa muito agradável comentar a obra *Gestão de concessionários de veículos*, porque dela falando repasso a história virtuosa de dois grandes amigos: Carlos Alberto Riquena e Valdner Papa.

Conheci Riquena na década de 1970, quando ele era representante da Assistência Técnica da Volkswagen do Brasil. Já no início da carreira era extremamente dedicado, e, no conjunto de suas qualidades, uma sobressaía: era afetuoso, incapaz de ser ríspido ou de magoar qualquer pessoa. Acompanhei sua ascensão na Volkswagen como um dos homens da famosa dupla Neuheuser-Reiterman, nos dias que ficaram conhecidos como "tempos gloriosos". Alguns anos depois, por sua competência e disciplina, Riquena passou a chefiar o escritório de vendas nas regiões Centro-Oeste e Norte, onde fez muitos amigos. Convidado por um dos maiores grupos empresariais do país, a rede Casas Bahia, passou a responder pelo braço automotivo da organização, destacando-se como um dos principais e mais próximos executivos de Samuel Klein. Quando a Casas Bahia decidiu devolver a bandeira das concessões Volkswagen à montadora, imediatamente o convidei para me assessorar na Associação Brasileira de Distribuidores Volkswagen (Assobrav). Era o ano de 1999, prenúncio de mais uma crise no setor. Riquena, no entanto, sempre otimista e com uma fé inabalável nas pessoas, fez um grande trabalho na rede de concessionários, transmitindo aos empresários, em tempo recorde e incansavelmente, as informações e decisões da diretoria executiva. Fez mais que isso: orientou, acompanhou e promoveu reuniões nas bases, constituindo-se em um elo forte, imprescindível, nessa cadeia. Sua morte, ainda muito jovem, foi mesmo uma perda irreparável. Como amigo e como profissional.

Sobre Valdner Papa, o que dizer, além do que todos já sabem? Minha relação com ele começou quando ele era presidente da Associação Brasileira dos Concessionários de Automóveis Fiat (Abracaf), no início dos anos 1990. Hoje, mais que um dos melhores consultores do setor, ele é para mim um amigo caríssimo. Dono de um grande talento comunicativo e de vasto conhecimento técnico, Valdner é, como se dizia antigamente, "um rapaz muito preparado". Culto, poliglota, elegante, não há evento de que participe que não figure entre os mais bem avaliados. Sempre.

Diante de sua evidente competência e energia à frente dos interesses da Rede Fiat, o convidei para ser um dos vice-presidentes da Fenabrave, quando assumi a entidade pela primeira vez, em 1992. A escolha não poderia ter sido mais feliz. Sua objetividade, capacidade de síntese e persuasão para indicar os caminhos a seguir trouxeram soluções históricas para o setor. Tanto é assim, que vem sendo o responsável pela feição temática do Congresso Fenabrave.

Em 1998, quando deixei a presidência da federação para assumir novamente a liderança da Assobrav, Valdner me acompanhou. Na Rede Volkswagen sua atuação foi decisiva. Entre outros projetos de sucesso, criou, desenvolveu e implantou o Programa do Carro Usado, deixando um legado inestimável e atemporal.

Por esses e outros trabalhos muito bem-sucedidos na área de treinamento, de formação e de atualização dos concessionários, passou a dedicar-se integralmente à sua empresa de consultoria, assumindo, ainda que a contragosto, o título de "professor". Seus projetos, palestras e construções de jogos empresariais com vertente específica para o negócio "concessionário de veículos" são adotados por várias marcas, seja nas fábricas, seja nas redes de distribuição. Portanto, ninguém melhor do que Papa e Riquena para redigir um manual, um verdadeiro livro de cabeceira, para os concessionários de veículos. Com a experiência de ambos, os muitos casos analisados, as tantas consultorias aplicadas e a vasta documentação compilada, com dados estatísticos atualizados, especialmente dos últimos trinta anos da indústria automobilística no Brasil, *Gestão de concessionários de veículos* é leitura obrigatória para todos os que participam direta e indiretamente do dia a dia de uma autorizada, seja o titular da empresa, sejam seus diretores e gerentes, bem como seus sucessores — a nova geração que precisa, mais do que nunca, ter intrínseco o conceito de que o *core business* de um concessionário é assistir, prestar serviços, e não só vender.

Sérgio Antônio Reze,
presidente da Federação Nacional da Distribuição de Veículos Automotores

INTRODUÇÃO

Em 1994, o segmento da distribuição de veículos, através da Federação Nacional da Distribuição de Veículos Automotores (Fenabrave) em convênio com a Nortwood University, na Flórida, nos Estados Unidos, criou o primeiro curso de gestão de concessionários com titulação em MBA na Fundação Armando Álvares Penteado, em São Paulo (FAAP). Nessa época, Sérgio Antônio Reze presidia a Fenabrave e a vice-presidência era ocupada por Valdner Papa, também responsável por coordenar a área educacional. Para viabilizar o então inédito curso, era preciso pesquisar, coletar material didático disponível em português e convocar professores. Surpresos, os dirigentes constataram a quase inexistência de livros que ensinassem e auxiliassem a transmissão desse conhecimento. Os poucos disponíveis eram genéricos, sem nenhuma especificidade. Números, estatísticas e informações que pudessem municiar o curso também eram escassos ou insuficientes. Os esforços foram dirigidos para que cada professor trouxesse para a sala de aula a sua experiência. O material didático passou a ser o professor com suas competências e qualidade de especialista, seus conhecimentos, habilidades, reflexões, vivência e o capital intelectual acumulado ao longo dos anos de trabalho.

Se, por um lado, essa dificuldade inicial proporcionou um enorme sucesso à iniciativa, enriquecendo-a com proveitosos conhecimentos, por outro, expôs a carência de material didático, falta que perdura até hoje.

Essa lacuna é constatada, cotidianamente, no contato com os concessionários, que necessitam de um instrumento de base que os auxilie na gestão de seus negócios e o desejam. Essa necessidade estimulou os autores a escrever este livro para traduzir e compartilhar a experiência, o conhecimento, os trabalhos e estudos realizados, os dados estatísticos coletados durante suas trajetórias profissionais.

Preencher a lacuna mercadológica, contribuir para formar novos profissionais, lideranças e sucessores, aprimorar as técnicas de gestão do setor e planejar um futuro mais profissional e promissor para o segmento são os objetivos deste livro, que se dirige aos concessionários e aos seus sucessores, pois este, como será detalhado posteriormente, é basicamente um negócio familiar. Volta-se também aos profissionais da área, de gestão ou de operação, que necessitam, mais e mais, de capacitação e conhecimento. A velocidade de expansão do setor automotivo brasileiro desde 2004 revelou outra carência: atrair profissionais, das mais diversas áreas, com habilidades e bons fundamentos acadêmicos para atuar na distribuição. Este livro também se destina a eles e traz parâmetros importantes, que devem ser avaliados em cada área operacional da revenda e têm por objetivo buscar a máxima eficiência, o melhor resultado em uma estrutura enxuta. Parâmetros dinâmicos, que exigem atualização constante e entendimento pleno do conceito de cada um. A essência da autoavaliação é buscar sempre formas de aprimoramento.

A REDE DE DISTRIBUIÇÃO

Em 1910, surgiram os primeiros agentes importadores de veículos. Era o embrião da rede brasileira de distribuição de veículos.[1] Em 1919, a Ford, já tendo desenvolvido e aprimorado o sistema de produção em massa em Detroit, instalou sua primeira unidade de montagem no Brasil, utilizando principalmente mão de obra imigrante. Os kits de peças encaixotados vinham de Detroit de navio por intermédio do porto de Santos, e os automóveis Ford eram montados um a um na fábrica do bairro do Ipiranga. Pouco tempo depois, em 1923, a General Motors instalou uma unidade de montagem semelhante à da Ford, também no Ipiranga, montando veículos comerciais.[2]

1 Vários autores. *Indústria Automobilística Brasileira* — 50 anos. São Paulo: Anfavea, 2006.

2 Ferro, J. R. Apêndice do livro *A máquina que mundou o mundo*. Rio de Janeiro: Campus, 1992.

A frota nacional passou de 30.000 unidades, no início da década de 1920, para 250.000 veículos em 1930, composta de carros de passeio de uso urbano, caminhões leves para transporte urbano e ônibus. Rodavam no Brasil inúmeras marcas importadas como Fiat, Pontiac, Buick, Alfa Romeo, Renault e os luxuosos Cadillac, Lincoln, Rolls-Royce, para citar apenas as conhecidas até os dias atuais.[3] Foi nessa época, quando começou a montagem de veículos CKD (*Completely Knocked Down*) no Brasil, que surgiram as primeiras revendas autorizadas.[4]

Embora as bases para a implantação da indústria automobilística brasileira tenham sido plantadas no segundo governo de Getúlio Vargas (1951-1954) com a constituição da Companhia Siderúrgica Nacional, da Petrobras, entre outras, apenas no governo de Juscelino Kubitschek, em 1956, com a implantação do Grupo Executivo da Indústria Automobilística (GEIA) foi dado o passo decisivo. A política estabelecida previu, além de incentivos para atrair investimentos, a proibição das importações e a definição de metas para a rápida nacionalização da produção. No final de 1957 expirou o prazo para que as montadoras entregassem ao governo seus planos para a produção de veículos de passageiros. Ford e GM, já presentes no país, apresentaram seus projetos restringindo-se à produção de veículos comerciais. Empresas europeias, como Volkswagen, Vemag e Simca, além da nacional Willys, entraram na produção de automóveis. FNM, International Harvester, Scania e Mercedes-Benz focaram no mercado de caminhões e ônibus.[5]

A distribuição, na era em que predominavam os importados, era feita por representantes. Resultado natural da fabricação nacional, a rede autorizada — que nada mais é do que a ferramenta que a indústria automobilística possui para distribuir seus veículos no território — expandiu e mudou suas atribuições. A distinção significativa entre o representante e o concessionário é que a essência do negócio do representante era importar e vender, sem a obrigação de assistir. A prestação de serviço era feita por diferentes pessoas, por vezes, pelos próprios representantes ou importadores de peças de reposição e até pequenas oficinas artesanais (que seriam as raízes do setor nacional de auto-

3 Ferro, op. cit.

4 Vários autores, 2006, op. cit.

5 Ferro, 1992, op. cit.

peças). O concessionário é aquele que vende e assiste, e este só surgiu com o início da indústria brasileira.

Alfred Sloan, que presidiu a General Motors nos anos 1920, com o slogan "Um carro para cada bolso e finalidade", ao escrever suas memórias, na década de 1960, afirmou que:

> A importância do revendedor na distribuição de automóveis tem dois aspectos. Primeiro, como em muitas indústrias, o revendedor faz o contato pessoal direto com o cliente; ele entabula e fecha o acordo e vende o carro. Por outro lado, o contato do fabricante é com o revendedor, não com o cliente, exceto naquilo que o fabricante fala ao público como um todo por meio de propaganda, salões de automóveis e outros meios — e eu poderia acrescentar que o produto nas ruas e estradas é uma mensagem persuasiva ao consumidor. Segundo, na indústria automotiva, o revendedor é franqueado. [...] Legalmente ele não é o agente do fabricante. Contudo, em sua comunidade ele é identificado com o produto do fabricante. Em termos gerais, ele recebe uma área de vendas para ser desenvolvida.
>
> O revendedor franqueado, normalmente um grande empresário local, encontra o cliente, muitas vezes seu vizinho, fecha o negócio e dá assistência técnica aos produtos vendidos. A personalidade, a habilidade e a posição do revendedor como comerciante local são básicas para o tipo de distribuição que se tornou norma na indústria automotiva. Toda a nossa abordagem de vendas se baseia neste sistema de comerciantes com recursos financeiros próprios a quem oferecemos uma oportunidade de lucros em potencial com base na franquia General Motors.[6]

As montadoras então entrantes no país, seguindo a cartilha de Sloan, buscaram empresários, investidores que replicassem no Brasil o modelo desenhado nos Estados Unidos. Os desbravadores dessa atividade até então inexplorada foram escolhidos entre pequenos e médios empreendedores que dirigiam negócios familiares. Cidadãos com habilidade e experiência comercial, socialmente bem relacionados, com capital próprio, que poderiam representar a marca tendo noção do futuro valor da atividade, orgulhando-se do status de fazer parte de uma renomada organização.

Essa filosofia explica por que, em determinado momento, as montadoras procuravam revendedores de automóveis usados para serem nomeados con-

6 Sloan, A. P. *Meus anos com a General Motors*. Rio de Janeiro: Negócio, 2007.

cessionários. Naturalmente, a atividade exigia que o candidato a concessionário dispusesse de um capital inicial. A atividade na época, por si, gerava uma capitalização importante e isso reforçava a visão de futuro. Além de reconhecer a lucratividade e o valor do produto, ser concessionário transformava o cidadão em uma figura representativa na área de influência onde mantinha a revenda, ao lado do político, do padre, do delegado. Para citar um exemplo, quando precisava nomear empresários, a Volkswagen do Brasil exigia que um dos sócios morasse na localidade onde funcionava a revenda para se identificar com o público. E colocava uma segunda condição: que o investidor não se tornasse político para não ter inimigos da marca na cidade. Se um sócio fosse do Lions Clube, o outro deveria ser do Rotary, tudo para manter um bom relacionamento com todos. Ainda hoje no interior do Brasil, em pequenas localidades, ao ligar para uma revenda não se ouve do interlocutor "É da empresa tal" e sim, "É da Volkswagen". Isso demonstra como é importante o empresário local, que faz diferença na participação de mercado da montadora em determinadas regiões, em veículos, peças e assistência técnica, mesmo que a marca seja minoritária nacionalmente.

Foi exatamente esse perfil empresarial que formou a base de discussão e elaboração da Lei Renato Ferrari (nº 6729/79), que regula o setor e se baseia no *intuito persone*, no qual a concessão da montadora é dada ao empresário, e a figura dele é fundamental nessa relação, devido à experiência, capacidade empresarial, social e econômica em responder pela atividade e levar o negócio adiante. Da mesma forma, a Lei Ferrari criou áreas de atuação. Quando nomeava um distribuidor, a montadora o fazia para uma área específica de atuação. A lei disciplina o conceito dessa área de atuação, consolidando a relação montadora / concessionário.

A passagem inexorável do tempo, a reabertura do mercado de automóveis na era de Fernando Collor, a maior competitividade com a chegada de novas montadoras trouxe ao varejo de veículos mudanças significativas. A principal é que a atividade se tornou intensiva de capital. Quanto mais cresce a indústria automobilística, maior é a necessidade da distribuição e maior é a necessidade de capital financeiro que as revendas têm.

Essas transformações ocorreram tanto em momentos de mercado aquecido, com investimentos em capacidade e melhoria da produtividade, que resultaram em recordes de produção e explosão de vendas, quanto em períodos de estagnação, alta capacidade ociosa e vendas em queda. Enquanto o mercado rateava e derrapava, operar uma revenda continuava a exigir muito capital e, nos intervalos de estiagem, os empresários e o negócio da distribuição ficaram fragilizados. Esse cenário se tornou propício a que, entre 1999 e 2004, se buscassem alternativas de consolidação, por meio do crescimento e ampliação do próprio negócio, ou da união de forças com outros empresários, criando os grandes grupos que controlam várias revendas, de diversas marcas. Em 1997 foram vendidos 1,9 milhão de automóveis no mercado interno, volume que atraiu novas montadoras — o país que então contava com sete passou a ter dezessete. O mercado encolheu e só retornou ao mesmo patamar de vendas em 2004. Com a oferta superando a demanda, as redes de distribuição encolheram de 5.700 lojas para 4.600, no mesmo período.

A consolidação busca obter economias de escala, estrutura de custos enxuta e poder de barganha pelos volumes de compra não só junto às montadoras, mas com todo tipo de fornecedores. Os investimentos em propaganda são um exemplo, grupos grandes conseguem negociar maiores volumes com diferentes mídias, obtendo custos menores. Com a redução de custos, administram melhor.

Advém daí a segunda grande mudança do setor: a necessidade de profissionalização e de uma gestão parametrizada. A improvisação e a intuição devem ser substituídas por atitudes parametrizadas e acompanhadas de uma gestão profissional.

Esse quadro de consolidação, mesmo implacável por questões econômicas e pela necessidade de fortalecer a distribuição, encontra, por outro lado, limites impostos pelas montadoras (que em dado momento incentivaram a formação de grupos) e pelo mercado. A indústria automobilística estabelece balizas claras para a atuação dos grupos, até para se proteger dos riscos empresariais de concentrar muito poder em poucas mãos.

A consolidação do setor não eliminou a necessidade fundamental dos concessionários pequenos, afinal, trata-se da distribuição em um país continental, onde há mercados metropolitanos e pequenos, que não interessam aos grandes grupos, pois pouco ou nada acrescentam aos ganhos de escala e, ainda assim, precisam da distribuição.

Esse cenário leva a crer que sempre haverá espaço para distribuidores de todos os tamanhos. Grandes nas capitais e pequenos nas pequenas localidades, a faixa dos médios se estreita, mas ainda existe espaço específico para eles. As montadoras que possuem uma rede pulverizada conquistam pontos na participação de mercado, enquanto as que têm presença expressiva apenas nas capitais, em mercados ricos, têm um market share menor em âmbito nacional. Os pequenos ainda fazem diferença.

Os recursos tecnológicos, a facilidade de comunicação e de informação propiciaram essa tendência, permitindo a administração de vários e diferentes pontos de venda em diferentes praças a distância e contribuindo com isso. Tarefa praticamente impossível sem apoio da tecnologia de informação.

O ano de 2010 marcou a terceira onda de expansão da indústria automobilística brasileira. O país conquistou o quarto lugar no ranking mundial de vendas, atrás somente da China, dos Estados Unidos e do Japão. Em produção ocupou o sexto lugar, sendo superado por China, Estados Unidos, Japão, Alemanha e Coreia do Sul. A posição de destaque foi alcançada, em grande parte, pela inversão do eixo mundial de produção, menor ou com crescimento vegetativo em países desenvolvidos — em decorrência da crise financeira mundial de 2008 — e maior nos países em desenvolvimento, sobretudo no Bric (Brasil, Rússia, Índia e China). No promissor cenário que se desenha para a indústria brasileira, a expansão da rede de revendas é estratégica para dar vazão aos crescentes volumes de produção e assegurar as metas de participação de mercado das empresas, aumentando pontos e cobertura de mercado nas diversas regiões do país. Para que o desenvolvimento previsto se concretize é ainda mais importante planejar a capacidade da rede em assistir esse mercado, acentuando a necessidade de gestão profissional, métricas, indicadores, planejamento estratégico e análises, subsídios que este livro aborda.

As inúmeras crises que atingiram o setor demonstraram que novas nomeações de revendas não podem inviabilizar economicamente a rede já existente. Sempre há um volume mínimo por ponto que garante a sobrevivência do negócio. O excesso de concessionários prejudica a marca, a rede de distribuição e afeta a participação de mercado do fabricante.

TENDÊNCIAS

Transformações profundas, que não anulam o desenho original das redes, mas que propiciam a presença de todos os tipos de distribuidores, cada um em seu espaço específico, não modificam o fato de os distribuidores —

pequenos, médios ou grandes — estarem sujeitos a uma intensa profissionalização do seu negócio.

Houve, sim, imensas transformações na distribuição, mas a maior mudança se dá em pessoas e clientes. O foco do concessionário, que era a venda de veículos, tem que se redirecionar para as pessoas, tanto internas quanto externas. Atualmente, o sucesso do negócio fundamenta-se na gestão dos recursos humanos, até mais do que na gestão operacional. Para poder alcançar eficiência operacional, a gestão de pessoas é condição *sine qua non*. O encontro do cliente com o colaborador do concessionário precisa ser apoiado por fundamentos para que não se torne um desastre. O cliente está mais exigente e mais bem informado e requer um profissional muito mais preparado. Vale relembrar que quem mantém o contato na ponta do consumo é o concessionário, e esse contato é que está sendo valorizado para fidelização desse consumidor. O papel do concessionário, que já era importante nos primórdios, hoje é estrategicamente fundamental, e confere ao negócio da distribuição uma perspectiva de futuro promissor, ainda mais ampla, e não uma ótica de término. As previsões de que os concessionários não seriam mais necessários, pois os carros seriam vendidos em supermercados ou pela internet, não têm a menor chance de se materializar.

A internet, as tecnologias da informação ajudam muito, mas não substituem o contato humano no momento da venda. Tanto é verdade, que há alguns anos, em sua busca obstinada por redução de custos, as montadoras acreditavam que conseguiriam reduzir em mais de 10% o preço do veículo, eliminando o custo entre a fabricação e o consumidor final, isto é, a distribuição e o trabalho do concessionário. A General Motors do Brasil, por exemplo, por dois anos, a partir de 1998, vendeu exclusivamente o Celta, seu modelo de entrada, pela internet, acessada, na maior parte dos casos de dentro das revendas. Foram vendidos 60.000 veículos. A estratégia não se mostrou viável na forma desenhada.

A internet é cada vez mais importante. Fabricantes e revendedores abastecem a rede com informações, interagem com os consumidores que pesquisam, comparam, prospectam e formulam condições de compra. Mas o "negócio fechado" dependerá sempre do contato eficiente com o cliente.

A venda de um veículo automotor é venda e pós-venda. A internet é um instrumento de auxílio no pós-venda, mas não eliminará o contato do consumidor com o concessionário, pedra de toque da distribuição. A web é um mecanismo para gerenciar e promover eficiência nesse relacionamento. Um instrumento que o alertará quando levar o automóvel para a revisão, manutenção preventiva, troca de óleo, filtros, etc., pois carro é um produto que precisa de pós-venda.

A conexão do consumidor com o concessionário é cada vez menos frequente graças à maior durabilidade e qualidade dos veículos, logo, deve ter um elevado grau de excelência. São qualidade e excelência que vão gerar a fidelização. No caso da indústria automobilística, a internet é uma ferramenta de informação para o consumidor e para o revendedor, de produtividade. Antes de ir às lojas, cada vez mais, os compradores de carros utilizam a internet no processo de compra de veículos pesquisando preços, modelos e serviços. Tendência que continuará crescendo exponencialmente.

A principal tendência para o segmento da distribuição de veículos no Brasil pode ser resumida em uma palavra: qualidade. Qualidade de capital financeiro, de gerenciamento, de profissionalização, da percepção do consumidor e de tecnologia.

No futuro próximo, os automóveis terão mais tecnologia aplicada, softwares e sistemas ainda mais sofisticados — hoje assemelham-se a portais de informação, e a capacidade de processamento duplica a cada dezoito meses —, tudo para facilitar a vida do usuário e, a um tempo que há de vir, se comunicar com o tráfego, com outros carros, com as ruas. Os carros serão alvos da próxima onda de aplicação das tecnologias nano, significando redução de problemas e melhoria da qualidade. O concessionário conviverá com tecnologia de ponta nos produtos e serviços e terá de adaptar sua gestão a essa realidade. No contato com o cliente não será diferente: a fidelização estará amparada nesses recursos.

Gerenciar o tempo, tão escasso na vida contemporânea e informatizada, é fator primordial na gestão do ser humano. À medida que as pessoas administram seu tempo, o concessionário tem que fazer parte dessa exigência da vida moderna para tornar o cliente fiel, valorizando o tempo de cada um. Nesse ponto a tecnologia também desempenha papel fundamental. O distribuidor precisa ter foco e saber no que atuar, assim economiza seu tempo e o do consumidor, e é esse aproveitamento racional e eficiente que passará para o cliente, pois é isso que ele busca. Mais tecnologia, sofisticação, mais foco, mais objetividade e parametrização.

Agora e no futuro a gestão está fundamentada na qualidade de pessoas, em treinamento, em tecnologia, em parametrização e em proatividade, nenhum desses itens fará sentido se a premissa fundamental não for a qualidade do atendimento (e a interpretação dos anseios do cliente) permeando toda a organização.

A qualidade não se manifestará se o consumidor não for questionado sobre suas expectativas e sobre o que ele considera importante nos produtos e serviços. Se o concessionário não respeita ou não conhece essas expectativas, todo o trabalho técnico operacional executado não será reconhecido. Faltam pesquisas de qualidade. As montadoras investem somas consideráveis para tentar detectar a intenção de compra e, depois, a satisfação com o produto, com o atendimento na hora da compra e na prestação de serviço oferecido na revenda, mas não estudam se a expectativa de qualidade foi concretizada em todas as etapas da compra e do pós-venda. Valorizar o tempo do cliente pode ser tão simples quanto verificar se ele tem direito a um carro reserva ou, se não for o caso, oferecer a opção de aluguel, subsidiando o preço, quando o carro tem que ficar na revenda para reparo ou revisão. Fazer o conserto benfeito da primeira vez, mas, antes, atender com presteza, verificar cadastro, executar orçamentos transparentes e honestos, estabelecer formas, prazos e condições de pagamento. Se as prioridades desse atendimento não forem estabelecidas, se os profissionais não forem treinados e informados, a qualidade não se concretizará.

É por falta de processo que o pessoal das redes e os clientes estão e continuarão em constante conflito.

1

FUNDAMENTOS DA REVENDA DE VEÍCULOS

CONCEITO DO NEGÓCIO E LEI RENATO FERRARI (Nº 6729/79)

A revenda de veículos automotores é uma relação contratual entre montadoras e empresários nomeados. É uma organização identificada com a montadora, pois é um tipo de distribuição exclusiva que o fabricante elege para trabalhar só com seu mix de produtos. São franquias, visto que este foi e continua sendo o melhor sistema para os fabricantes, revendedores e, acima de tudo, para o consumidor de veículos. Cabe ao fabricante encontrar no mercado organizações qualificadas que possam representar melhor a marca junto do consumidor.

A Lei Renato Ferrari (nº 6729/79) rege esse contrato e dispõe sobre seus principais aspectos; norteia as discussões entre os envolvidos; estabelece obrigações e responsabilidades de ambas as partes e prazos de renovação, pois se fundamenta no cumprimento de direitos e deveres.

Após a escolha do concessionário, a equipe de campo da montadora deve preparar, treinar, organizar, planejar e controlar as operações na área demarcada, por meio do plano de ação anual. Quando designa um concessionário, a montadora o faz determinando uma área predefinida de atuação que deve ser preservada. As áreas podem ser monoponto ou multiponto, dependendo do tamanho da localidade e do mercado local. Geralmente, os territórios monopontos são cidades pequenas, desenvolvidas por um único concessionário. Já nas regiões multipontos vários revendedores exploram a mesma área. É o que acontece nas metrópoles como São Paulo, Rio de Janeiro, Belo Horizonte, entre outras. Em São Paulo, por exemplo, a área demarcada é a denominada Grande São Paulo, a capital e a extensão, com 38 municípios contíguos que formam a mancha urbana, de Mauá a Franco da Rocha, que são desenvolvidas por todos os concessionários nomeados que dividem a mesma região. Idem nas outras capitais. Multiponto ou monoponto, em pequenas ou grandes cidades, a área demarcada é especificada em contrato.

A instituição dessa área específica e demarcada criou o primeiro instrumento de controle do concessionário: a invasão de zona, que ocorre quando o distribuidor vende veículos a clientes que residem fora dessa área. Cada montadora, em conjunto com as associações de marca que representam os concessionários, estabelece um código de ética para gerenciar as invasões e as penalidades decorrentes da prática. Cada qual com sua política e pênaltis previamente estabelecidos, tais como, a perda de parte da comissão do veículo vendido — a parte da comissão retirada do invasor remunerará o concessionário da área de origem do cliente —, ou valores percentuais das verbas de incentivo de vendas.

A lei nº 6729, sancionada em 1979, a princípio, tratava com rigor a invasão de zona. Porém, onze anos depois, no governo de Fernando Collor de Mello, com a política de liberdade de mercado e por entender que se tratava de uma lei de conteúdo cartorial, quiseram revogá-la. Após debates e negociações, alguns artigos foram modificados e apenas um revogado. Com as alterações foi sancionada a lei nº 8132/90 com novo texto, mas a proibição de ações de vendas na área de outro concessionário foi mantida.

Criaram-se os conceitos de invasão de zona ativa e passiva. A invasão passiva ocorre quando o cliente de outra localidade chega à revenda sem ter sido provocado para isso. A decisão de vender ou não cabe ao concessionário, que, se o fizer, e dentro dos critérios definidos na convenção de marca, sabe que receberá uma punição por vender fora da área preestabelecida. A invasão ativa ocorre quando o concessionário de uma área forma e envia equipes de venda para desenvolver outras regiões que não a sua, ou quando faz ações de promoção e propaganda em uma área diferente da sua.

A lei nº 8132 tornou os critérios de invasão de zona flexíveis, aperfeiçoando o sistema. Desde então, o revendedor autorizado tem um limite para emplacar fora da sua área demarcada e esse parâmetro é estabelecido entre a montadora e a associação dos concessionários de cada marca. O limite pode ser, por exemplo, 15%. Ou seja, 15% dos veículos emplacados podem ser de outras localidades e sobre esse porcentual não há penalidade.

O contrato entre montadora e concessionário determina também o capital de giro para a operação, um capital mínimo obrigatório que o empresário deve possuir; as garantias que o revendedor deve apresentar para os limites de crédito que lhe serão concedidos e, principalmente, a responsabilidade de gestão, ligada ao *intuito persone*, isto é, a montadora só nomeia aqueles com experiência comprovada em gestão e essa expertise é uma obrigação contratual para todas as áreas do negócio: veículos novos e usados, peças e serviços. No que tange à capacidade financeira, o distribuidor deve possuir 125% em garantias aos limites de créditos que serão concedidos; 100% do valor correspondente à retirada dos veículos novos, mais um percentual para veículos usados e peças. O valor equivalente à cota de veículos novos é calculado considerando o mercado potencial da região analisada e, adicionalmente, a participação de mercado nacional da marca e a participação de mercado da região.

É o que as montadoras chamam de *guide* (ou guia), que estabelece os critérios para atribuir a capacidade financeira e as cotas de veículos zero quilômetro. O *guide* nada mais é do uma planilha elaborada pelo fabricante, dividindo as revendas por tamanho. A cota de atribuição de veículos novos indica a área quadrada necessária para abrigar autos novos, usados, peças e oficina e, consequentemente, a capacidade financeira. Quantos metros? É um cálculo variável, cada montadora tem o seu, elaborado pelo setor de planejamento da rede, que também projeta as áreas construídas, determina o tamanho do showroom, a aparência, as cores usadas na pintura e nos logotipos, a iluminação, os móveis e a decoração, tudo enfim, é definido e padronizado pelas montadoras.

Naturalmente, o guide é dinâmico e flexível em razão das constantes e profundas modificações do mercado, assim a adaptabilidade é um requisito básico. O custo do metro quadrado, por exemplo, é um valor variável. Há alguns anos exigia-se que a área construída fosse ampla, muito maior do que a atual. Mas a partir da década de 1980, com o crescimento populacional, os distritos localizados nas áreas centrais de cada cidade já saturados, a tendência das cidades é se expandir para as periferias, onde ainda há disponibilidade de grandes terrenos. Essa realidade tornou impossível encontrar áreas grandes o suficiente para abrigar uma revenda plena, que abrigue todos os setores: veículos novos, usados, peças, acessórios e assistência técnica. Em consequência da urbanização e dos guides dinâmicos, foram concebidos novos tipos de revenda, tais como: showroom, que são pontos exclusivamente comerciais; PATs (Ponto de Assistência Técnica), que só prestam serviços rápidos; ou pequenos pontos, que congregam showroom e uma estrutura mínina de pós-venda, exatamente para adaptar o alto custo do metro quadrado à necessidade de ocupar o território e estar perto do consumidor. Atualmente, nas grandes cidades, as revendas têm estruturas menores, com showroom e pós-venda enxutos, e estruturas maiores, mais afastadas, que abrigam serviços de funilaria e pintura, armazenagem e preparação de veículos, estoque de peças, etc., e até, um showroom. Para obter a nomeação da montadora, obrigatoriamente, o empresário precisa ter uma revenda plena, a cabeça do negócio. Só depois pode obter autorização para os demais tipos, pois é a plena que supre as necessidades das demais.

Desde que dentro de sua área operacional, o revendedor poderia mudar-se para a periferia, mas ficaria distante do seu público-alvo. A decisão de procurar um ponto comercial em bairros longínquos, com preço do metro quadrado mais barato, logicamente, implica custos de logística, que devem ser considerados pelos empresários.

A quantidade de veículos atribuída a cada concessionário no guide transforma-se em um plano de ação, que também não é estático. O distribuidor é nomeado para vender x/carros/ano e, anualmente, esse plano de ação é elaborado, tendo por base a cota inicial, fruto do potencial do mercado e do market share desejado pela montadora, refletindo uma fotografia do mercado em dado momento. No guide, são planejados os objetivos de crescimento de vendas para o ano seguinte e o volume previamente estabelecido de veículos/ano para dimensionar o tamanho físico e financeiro do concessionário. Logo, o plano de ação é a projeção do propósito de vendas no período de um ano.

Uma vez atribuídas as cotas, se o revendedor for o único concessionário da região, o plano de ação está definido. Se houver outros concessionários na mesma região, as cotas serão divididas pelo número de concessionários obedecendo a sua participação de mercado dentro da sua própria marca. Quantos carros irão para cada loja será definido pelo histórico de emplacamento de cada um desses concessionários.

Da mesma maneira que há um plano de ação para automóveis, há um para peças cujo parâmetro de atribuição é o parque circulante (ou frota circulante) e a idade média da frota. O parque circulante é definido pelo número de veículos circulantes em uma região, não importando seu estado de conservação nem as suas condições de uso. Conhecendo a frota circulante nacional, regional e a frota por faixa de idade, a montadora aplica sobre esses números um valor médio de consumo de peças por unidade e sobre esses índices atribui um plano de ação de peças em volume de vendas e não em estoque. Isso porque o estoque é consequência direta da logística da montadora, do tempo de entrega das peças após o pedido. A atribuição não muda, mas o concessionário mantém seus estoques em função da logística da montadora.

Com o advento do sistema de produção enxuta, que caracteriza a Toyota, conheceu-se uma nova realidade no setor de peças: é o famoso sistema *just in time* ("na hora certa") chegando ao concessionário. A montadora japonesa coloca uma peça em 24 horas no concessionário, contra um tempo médio entre sete e dez dias das demais marcas. A Toyota antecipa a tendência inelutável para todas as outras montadoras no que diz respeito ao suprimento de peças aos concessionários. O estoque de peças de reposição será definido pela eficiência e inteligência logística; será mínimo, próximo a zero, com todos os benefícios advindos dessa prática, como redução de custo, pois o revendedor não precisará empatar capital em estoque, diminuição das áreas de armazenamento, etc. A evolução para o *just in time* passa, em um país continental como o Brasil, por centros de distribuição descentralizados e regionais para que as peças despachadas cheguem rapidamente aos concessionários distantes dos centros de produção.

Além das atribuições financeiras, de veículos, peças, área construída, o contrato também impõe limites às operações dos concessionários. Uma das limitações é a necessidade de toda publicidade e propaganda ser acompanhada pela montadora. Há liberdade para definir as ações publicitárias, assim como a obrigatoriedade de se ater a determinadas fronteiras impostas pelas montadoras.

Outra limitação, esta não contratual, mas um procedimento usual das montadoras é a barreira no volume de veículos que serão vendidos pelo distribuidor. A revenda como grupo empresarial não pode representar mais do que 5% da participação nacional do fabricante. Esse percentual da produção nacional existe, não em função de problemas de fabricação, mas para reduzir a concentração de poder de um único concessionário, diluindo riscos empresariais e de crédito. Este é um percentual que, acredita-se, se tornará flexível ao longo do tempo. Nos Estados Unidos, com o advento da abertura de capital e a criação de grandes grupos, este valor já foi ajustado.

FOCO NA OPERAÇÃO

Um dos principais fundamentos no negócio da distribuição de veículos é a obrigatoriedade do concessionário/gestor possuir foco total na operação. Essa é uma atividade que exige dedicação plena, uma vez que ela se caracteriza por inúmeros detalhes que envolvem os diferentes negócios existentes na revenda.

A revenda é um somatório de vários e diferentes negócios em uma só operação: "autos novos" é em si mesmo uma importante operação, que envolve conhecimento técnico, comercial, de marketing e tantos outros, de forma específica; "autos usados" é um segundo e diferente negócio, que possui características, realidades, padrões e valores completamente diferenciados; "peças" é uma terceira operação especializada, com muita ênfase em operação de varejo e controle de estoques e perfil de clientes completamente diferentes dos demais; "oficina" é prestação de serviço, e a qualidade, o conhecimento, o treinamento lideram a preocupação e a estratégia da operação; os "produtos financeiros" tornaram-se um quinto negócio de forte importância no ramo da distribuição, representando receitas expressivas de retorno de financiamento, seguros, garantias estendidas, planos de manutenção, etc.; "acessórios" vêm se caracterizando também como um negócio em si mesmo.

Acredita-se que num futuro, não muito longínquo, o negócio da distribuição de veículos será similar a um shopping center de venda de produtos e serviços automotivos dos mais diferentes tipos, que se caracterizarão pela capacidade de tornar os clientes fiéis. Cada uma dessas operações caracteriza-se por um forte conteúdo técnico, que envolve muito treinamento, conhecimento dos detalhes da operação, inovação e acompanhamento das melhores práticas e sobretudo: foco e dedicação.

Nenhuma das áreas de negócio de uma revenda terá resultados relevantes se a empresa e, principalmente, o empresário não a entenderem como importante, proporcionando e disponibilizando todos os recursos e técnicas necessárias ao seu desenvolvimento.

Parte dos resultados negativos encontrados nesse segmento advém exatamente da visão do empresário, que, por considerar determinada operação de baixa rentabilidade ou de alto risco, não a torna relevante e joga fora excelentes oportunidades de resultados reais.

Um exemplo, muito comum, se dá com carros usados. Um número importante de concessionários não gosta, ou não considera a operação interessante, neste caso, ou transfere a terceiros o resultado integral ou, o que é pior, passa a ter uma atuação medíocre, sem controle, o que acaba por trazer-lhe grandes prejuízos.

GESTÃO PROFISSIONAL: PARÂMETROS E PROATIVIDADE

Fundamento importante do negócio da distribuição, e que a cada dia ganha mais importância, é a gestão profissional, uma vez que a operação exige profundo conhecimento técnico, aplicação de referências e parâmetros que apontem, com segurança, tendências, resultados, desvios, falhas e potenciais.

A operação de um concessionário de veículos passou a exigir pessoal mais treinado, que conheça o produto, mas também conheça o cliente, seus desejos, suas características, os parâmetros a que este cliente atribui importância, pessoas capazes de criar relacionamento, vínculo e, principalmente, confiança. A análise desses fundamentos deve ser a mais objetiva e transparente possível. Os números é que devem informar a realidade dos resultados, das projeções, das metas alcançadas e os clientes conquistados.

Uma gestão profissional deve se antecipar, não esperar por soluções ou sugestões, mas tomar decisões, buscando sempre o melhor resultado, e adotar providências e investigar o benchmarking, a opinião do cliente, a inovação e o inusitado. O profissional desejado é o que age antecipadamente, ou seja, aquele que era definido nos tempos antigos como o que "entregava a mensagem ao Garcia", isto é, quando lhe davam uma mensagem dizendo que deveria ser entregue ao Garcia, ele, mesmo sem conhecer o Garcia, através de sua proatividade, descobria e entregava a mensagem ao senhor Garcia!

O mercado exige e busca diferentes perfis profissionais para atuar nos diferentes setores da revenda — veículos novos, usados, peças, serviços, F&I, acessórios, administrativos, financeiros —, bem como profissionais capazes de exercer a direção geral, com uma visão holística do negócio e capacidade de liderança para atingir os objetivos desejados pela empresa.

A abordagem dos parâmetros contidos neste livro contemplará desde veículos vendidos por vendedor, até o número ideal de produtivos, passando por índices de giro de estoque de peças e indicando o número ideal de funcionários. Mas é importante ressaltar que todos os referenciais precisam ser analisados à luz do tamanho da revenda, da localização, da concorrência, enfim, de uma série de fatores que podem influenciar diretamente cada um desses parâmetros.

PLANEJAMENTO ESTRATÉGICO

Cabe ao gestor profissional desenvolver o planejamento estratégico. Um processo que considera objetivos, estratégias e metas, desenvolvimento, implementação e controle de programas de ação, estabelecidos a partir do potencial de mercado, do plano de ação anual feito pela montadora e da capacidade do concessionário de atender aos requisitos representados por seus recursos humanos, financeiros e organizacionais. Planejar é decidir no presente o que se pretende alcançar no futuro. Planejar é desenvolver um conjunto de atividades intencionadas para que esse futuro se torne realidade. As ações previstas necessitam ser identificadas e discutidas em relação a prazos, custos, viabilidade, qualidade, desempenho, responsáveis, etc. Peter Drucker, o guru da administração, certa vez fez a seguinte afirmação sobre planejamento:

> Eu começo o planejamento olhando para o que está do lado de fora, não do lado de dentro. A maioria dos planos, ao contrário, começa olhando para o que está dentro da empresa, já que pretendem apontar o que fazer. E o que constitui o lado de fora? Os dados demográficos e populacionais, os mercados, a tecnologia, a concorrência. Isso tudo está em mudança contínua. Em seguida, faço os executivos das empresas se perguntarem: "O que é valor para nossos clientes? Por que eles compram de nós?" Nesse momento, aliás, sempre faço questão de embaralhar um pouco as coisas. Peço que também pensem, com todo cuidado e seriedade, nos não clientes. Afinal, mesmo a empresa mais dominante raramente possui mais de 30% do mercado, o que significa que 70% dos clientes potenciais não compram dela. Então, os executivos têm de se perguntar: "Por que eles não compram de nós? O que é valor para esses não clientes?" A pergunta seguinte é: quais são nossos pressupostos? Em outras palavras, quero saber no que a empresa aposta suas fichas e o que ela vê como fato-

res determinantes. E devemos comparar isso com as mudanças contínuas que nos cercam. A última coisa a dizer sobre isso é: precisamos verificar constantemente nossas competências essenciais para ver se estão em dia. E devemos estar dispostos a abandonar as coisas que já não fazem mais sentido.

O desenvolvimento de um planejamento estratégico voltado para concessionários de veículos envolve as seguintes etapas.

Avaliação das oportunidades de mercado, considerando:

- Clientes atuais, potenciais e a localização na área operacional estabelecida pela montadora.
- Produtos e serviços que esses clientes costumam comprar da própria marca e da concorrência.
- Tipos de benefícios que esses clientes esperam receber.
- Quem no mercado atende com mais eficácia os desejos e necessidades desses clientes, como consegue, a que custo?
- Pontos fracos e fortes da marca representada e da concorrência.
- Possibilidades atuais e futuras de competir nesse mercado.
- O ambiente econômico, social e político da área operacional e em que medida afetam crescimento, estagnação ou declínio das atividades do concessionário na área operacional.
- Os objetivos de crescimento do grupo são compatíveis com o tamanho da área operacional ou será necessário negociar com a montadora a inclusão de novas áreas?

Avaliação da estrutura interna do concessionário:

- O concessionário está alinhado com os objetivos do plano de ação anual de vendas de produtos e serviços propostos pela montadora?
- A organização de vendas é suficiente e eficaz? Recebe o treinamento necessário? É motivada, incentivada e reconhecida por seu desempenho? O sistema de remuneração é compatível com as exigências do mercado?

- De que forma atua a liderança? Seus métodos são atualizados? Existe uma política de recursos humanos?
- O capital de giro é suficiente para desenvolver os negócios? Se houver crescimento das vendas haverá recursos financeiros suficientes?
- As instalações do concessionário atendem aos padrões estabelecidos no *guide* da montadora? Existe algum compromisso futuro de atualização e modernização estabelecido no plano de ação? Está preparada para atender ao cronograma estabelecido?

Formulação da agenda

Trata-se da agenda que o concessionário pretende adotar para cumprir o plano de ação anual formulado pela montadora, bem como os objetivos organizacionais, considerando a avaliação das oportunidades de mercado e as condições internas da revenda. A definição de metas pode conceber os seguintes tópicos:

- Volume de vendas de produtos e serviços em função do crescimento desejado pelo concessionário e esperado pelo fabricante em função do market share.
- Objetivos financeiros por intermédio do retorno financeiro, da lucratividade setorial, da política de F&I, da política de cobrança e concessão de crédito, etc.
- Investimentos necessários em recursos humanos, materiais, tecnologia, financeiros, instalações, promoção, etc.
- Estruturação, motivação, retenção e remuneração da equipe.

Plano de metas

O planejamento estratégico e sua agenda devem identificar claramente as atividades, os prazos de execução, as prioridades e os responsáveis pelas tarefas. Chico Nunes, em seu livro *O caminho das pedras,* afirma que:

> Um plano de metas deve identificar aquilo que precisa ser feito, quando e por quem. Isso faz com que os colaboradores compreendam o seu papel no alcance das mesmas. Assim,

eles têm a informação do que precisam para "fazer acontecer" no seu trabalho e dentro de suas responsabilidades".

Planejamento estratégico

O planejamento estratégico deve ser controlado para manter o foco nos resultados. A realização de reuniões periódicas de avaliação permite demonstrar os resultados alcançados. O desempenho da equipe de vendas, por exemplo, pode ser medido em números relativos ao potencial de mercado. O status do cronograma de atividades pode ser demonstrado regularmente pela intranet da empresa. Já o resultado financeiro pode ser medido pelo giro dos estoques, que ocasiona um menor custo financeiro, pelo resultado de F&I, pelo critério de avaliação e compra do carro usado, ou ainda, pela correta parametrização do setor de serviços, dentre outros índices de avaliação.

O planejamento estratégico, aliado à gestão de *balance scorecard*, ganha corpo no segmento da distribuição, demonstrando claramente a necessidade de mais técnica, informação e acompanhamento das operações. Porém, o mercado é dinâmico e exige permanente atualização, a busca constante de novas ferramentas, inovações mercadológicas, que dependem, basicamente, do comportamento do consumidor.

Planejar o futuro com um posicionamento empresarial claro, com estratégias previamente discutidas, avaliadas e submetidas às forças de mercado, é uma questão de sobrevivência empresarial na distribuição de automóveis.

Avaliar as possibilidades de comportamento do mercado, olhando dentro e fora de seu país, atento ao ambiente macro e microeconômico, discutindo as influências dos juros, do crédito, dos prazos, da capacidade produtiva, do poder aquisitivo, do emprego, da inovação de produto, dos problemas energéticos e ambientais serão sempre elementos obrigatórios em qualquer planejamento estratégico.

Elaborar diferentes cenários, suas diferentes manifestações, resultados, os riscos diretos e indiretos, os problemas com mão de obra, treinamento e, principalmente, controle do fluxo de capitais dominarão as discussões até a definição de um só caminho.

Ao fazer o planejamento estratégico, alguns elementos que são básicos devem, obrigatoriamente, estar presente, tais como:

- Análise do mercado automobilístico:
  - Diferentes e prováveis cenários.
  - Variáveis que influenciam direta ou indiretamente o desempenho do mercado.
  - Análise segmentada por automóveis, comerciais leves, caminhões, motos e implementos agrícolas e rodoviários.
  - Análise do mercado de usados.
- Análise macro e microeconômica:
  - Juros.
  - Prazos de financiamento.
  - Volume de crédito e alavancagem.
  - Inadimplência.
  - Preço.
  - Investimentos.
  - Reservas.
  - Câmbio.
  - Etc.
- Análise da participação de mercado por marca, por concessionário e pelos concorrentes:
  - Nacional.
  - Regional.
- Análise da concorrência:
  - Na marca.
  - Nas outras marcas.
- Análise dos fluxos financeiros e necessidades de capital:
  - Capital de giro.
  - Alavancagem.
  - *Floor plan*.
  - Fundos.
  - Outras linhas.
- Margens brutas e líquidas por departamento.
- Volumes por departamento.
- Giro de estoques de automóveis novos, usados, peças e horas dos produtivos.
- Análise das despesas sob uma ótima estrutura enxuta usando todas as parametrizações.

2

GERENCIANDO AUTOS NOVOS

A IMPORTÂNCIA DO MARKET SHARE NA DETERMINAÇÃO DO CONTRATO DE CONCESSÃO

O market share do fabricante de veículos, ou seja, a participação percentual da marca no volume de emplacamentos nacionais e em cada região é o indicador para elaborar o plano de ação. As montadoras analisam dois índices: participação de mercado nacional e da região onde está o concessionário atribuindo-lhe a cota. Se a participação de mercado regional (da localidade do concessionário) está abaixo do market share nacional, o plano de ação será sobre a participação nacional. A montadora induzirá, no mínimo, uma participação de mercado equivalente à média nacional para que os concessionários de menor participação se equilibrem no mercado e o market share da região se eleve ao patamar nacional. Se a participação regional for superior à nacional, no plano de ação, o patamar elevado se mantém. O market share de uma marca depende da oferta de produtos e da capilaridade de sua rede de distribuição.

A participação de mercado da marca é um dos fatores mais importantes que a montadora possui para avaliar o desempenho de seus executivos. O somatório do market share e do resultado líquido definirá o sucesso ou fracasso de uma equipe na indústria automobilística. O sucesso, ou não, do concessionário e a eficiência de sua equipe de gestão serão decididos com a soma do volume, consequência da participação de mercado, e do resultado líquido.

A COTA ESTABELECIDA PELA MONTADORA

Ao atribuir uma cota de veículos novos a serem vendidos, as montadoras tomam por base o potencial total do mercado em que está situada a revenda, independentemente do potencial do ponto comercial. Cabe ao concessionário avaliar se os números refletidos na cota são ou não compatíveis com o potencial do ponto comercial. Para tanto, é fundamental calcular o potencial de vendas da empresa, um somatório do potencial do ponto comercial somada ao potencial representado na região de venda para frotistas e governo. Pode ocorrer, portanto, que a cota determinada pela montadora esteja acima ou abaixo do real potencial do concessionário, com inúmeras implicações nos resultados e na estrutura.

COMO A MONTADORA QUANTIFICA A COTA

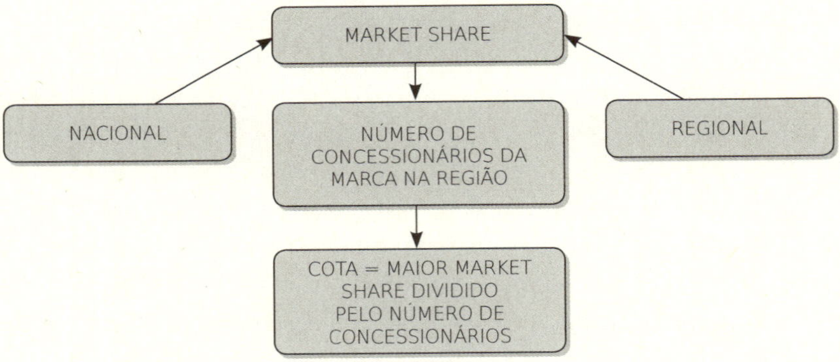

O POTENCIAL DO PONTO COMERCIAL E DOS MERCADOS ADICIONAIS

O concessionário que recebeu a atribuição através do plano de ação anual da montadora deve avaliar se esse planejamento é factível ou não para sua operação comercial. Se reflete o potencial do ponto comercial, está acima ou abaixo. O instrumento que o concessionário dispõe para isso é o controle da passagem de loja.

Todo ponto comercial tem suas peculiaridades e é influenciado pelas características socioeconômicas do lugar onde está situado — propriedades que distinguem o nível de renda, os hábitos e o comportamento de compra do consumidor. O potencial do ponto de venda é avaliado pela quantidade de pessoas que o visitam. Sem controle eficaz da passagem de loja, o concessionário não conseguirá mensurar o poder do seu ponto comercial. Para isso, todas as pessoas que entram no showroom devem ser identificadas por um funcionário encarregado especificamente dessa tarefa. Uma pessoa isenta, não envolvida no processo de venda. Ao contrário do senso comum, o vendedor não deve fazer esse controle. Quando o faz, na maioria das vezes propositalmente, informa com erro. O potencial do ponto de venda será determinado pela quantidade de pessoas que entraram *versus* o índice de fechamento, isto é, quantos atendimentos foram convertidos em vendas. Como o índice de fechamento diz muito sobre a qualidade do vendedor, ao pedir que ele conte quantas pessoas passaram pelo showroom, a tendência é que informe poucas, pois assim, o índice de fechamento de vendas dele se torna alto. A informação é distorcida e, como distorção leva a distorção, as avaliações do potencial do ponto de venda e da competência do vendedor ficam contaminadas. Um recepcionista fornecerá uma informação mais pura. A importância desse controle é demonstrada nos novos layouts de loja padronizados por todas as montadoras: uma área de recepção bem na entrada. E essa recepção tem a obrigatoriedade de cadastrar no sistema todos que entram no ponto de venda.

O índice de fechamento ideal deve ser de 25% da passagem de loja, tomando por base concessionários que vendem veículos produzidos no Brasil com toda a gama de modelos de básicos a superiores; se forem considerados veículos importados e pontos especializados em produtos de luxo esse índice é menor, pois está relacionado aos preços médios de venda. O percentual de 25% pode ser maior dependendo dos instrumentos de apoio comercial, por exemplo, com o CRM, BDC (sigla em inglês de Centro de Desenvolvimento de Negócios) e uma estrutura de *call center* é possível recuperar a venda não realizada na visita ao showroom. Se conseguir agregar 5% das vendas, esse índice ideal de fechamento eleva-se para 30%.

Os sistemas de CRM tendem a se aperfeiçoar e como consequência direta sua contribuição no aumento do índice de fechamento será mais significativa.

A atribuição de 25% de fechamento é uma forma conservadora, que permite detectar o potencial de veículos do ponto comercial, não é um percentual rígido e foi demonstrado na prática dos negócios. Valores inferiores não retratam as possibilidades do ponto comercial, mas induzem a acreditar que a falha está na qualidade da equipe de vendas que, fatalmente, será heterogênea. Poucos vendendo muito e muitos vendendo pouco!

Outras três informações, não relacionadas diretamente ao ponto de venda, devem compor essa avaliação: as vendas a frotistas, ao governo e pela internet. Vendas a frotistas são ativas e buscam o cliente fora do ponto de venda. Somando o potencial do ponto comercial determinado pela passagem de loja e pelo índice de fechamento, mais as vendas externas para frotistas, mais as vendas ao governo, o resultado é a plenitude de vendas do distribuidor.

A internet é outro ponto de análise do potencial de vendas, acrescentando mais um valor ao negócio. Para isso, os empresários precisam de uma estratégia e, antes, instrumentos adequados para desenvolver esse canal da mesma forma que o fariam em qualquer outro meio: um site ativo, dinâmico, publicidade para atrair os clientes, interatividade para conquistá-los e administração ajustada para comunicar-se diretamente com eles. Apesar do alcance da web ser global, há de se respeitar o conceito de área demarcada. Ainda pouco utilizada como canal de vendas pela maioria dos concessionários, a internet poderá se transformar em um instrumento de follow-up (manutenção de contato com o cliente) fantástico. Ao visitar o site de uma revenda ou qualquer outro site relacionado a ela, demonstrando interesse pela aquisição de um veículo, o distribuidor dispõe de meios para retomar o contato com o cliente, apresentando ofertas e isso, espera-se, incrementará a web como mais um canal de vendas.

Resumindo, a avaliação fica assim colocada:

Passagem de loja x índice de fechamento = venda potencial do ponto comercial + venda potencial a frotistas + venda potencial a governo + venda potencial internet = venda potencial total.

COMO O CONCESSIONÁRIO MEDE O POTENCIAL

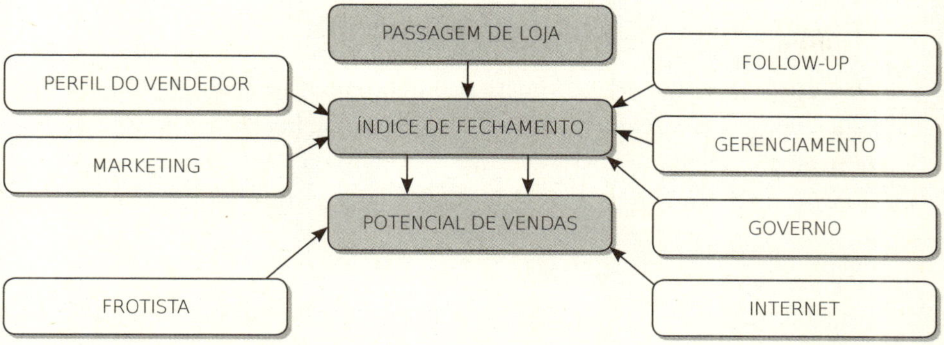

A CONCORRÊNCIA LOCAL E SEU DESEMPENHO

Inicialmente é necessário distinguir a concorrência e suas diferenças. Há a intramarca, isto é, a concorrência com outros concessionários da mesma marca, no mesmo mercado, e a entremarcas, a concorrência de concessionários de marcas diferentes. A distinção se faz necessária, pois nos dois casos a postura estratégica é completamente diferente.

A concorrência entremarcas pressupõe diferentes perfis de produtos que concorrem entre si no mercado e possuem fortes argumentos de comparação. A competição na mesma marca disputa o cliente ofertando o mesmo produto, o diferencial será comercial em ofertas de preço ou condições, atendimento de qualidade e proatividade e, principalmente, follow-up de vendas, objetivando sempre a fidelização do cliente por uma vida e não por uma única venda.

Conhecer a concorrência, seus pontos fortes e fracos, é obrigação básica de todo planejamento estratégico do concessionário, uma vez que conhecer essas informações permite mensurar o sucesso do posicionamento comercial da empresa. É preciso lembrar que, atualmente, em razão da facilidade dos meios de comunicação em geral e, principalmente, da internet, o conceito de concorrência foi ampliado. Hoje, a disputa ocorre em um único e enorme mercado. É uma realidade que veio para ficar, tende a se ampliar e por isso deve-se tê-la presente, arquitetando posicionamentos que permitam concorrer em um amplo mercado.

A IMPORTÂNCIA DA PASSAGEM DE LOJA

Já foi explicado como a montadora atribui o plano de ação e como o concessionário deve avaliar se é compatível ou não, mensurando a passagem de loja. Esse recurso não só quantifica o ponto de venda, mas fornece outras quatro informações fundamentais: o perfil socioeconômico do cliente, o perfil do produto desejado pelo cliente, as vendas perdidas e o retorno da mídia.

A IMPORTÂNCIA DA PASSAGEM DE LOJA

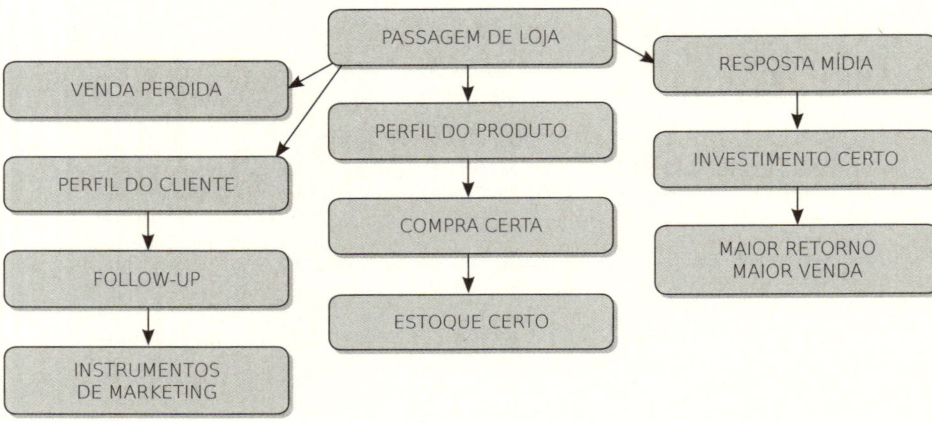

PERFIL DO CLIENTE

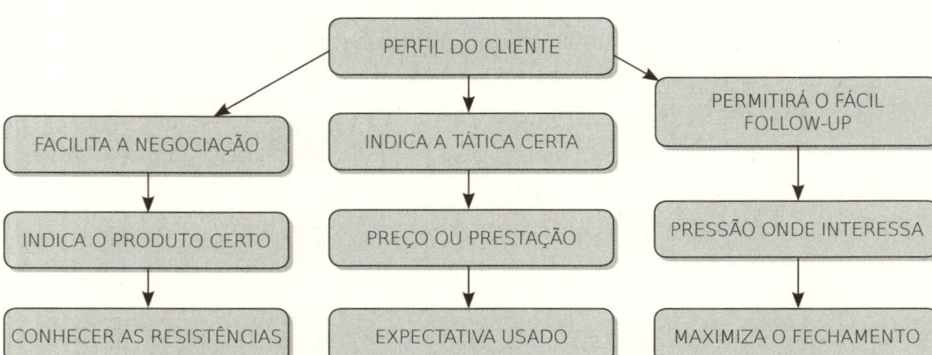

Uma das maiores dificuldades é obter informações sobre o cliente por intermédio do vendedor. A solução encontrada pelo mercado para vencer esse obstáculo, trazer transparência à operação e alcançar o efeito desejado é, como visto acima, a abordagem por recepcionistas que, no primeiro momento devem obter o nome do cliente e, se possível, telefone, além de vincular aquele atendimento a um determinado vendedor. Este deverá informar *a posteriori* os dados essenciais do cliente para cadastrá-lo no sistema.

As informações básicas que devem ser obtidas são: nome, telefone (residencial, comercial e celular), endereço, código de endereçamento postal (CEP), idade, profissão e renda. Dados cruciais para determinar o perfil socioeconômico do consumidor e, com isso, identificar o perfil do cliente do ponto comercial. Este perfil indicará com maior precisão o conteúdo das campanhas comerciais, a melhor mídia a ser utilizada, a forma de abordagem do vendedor, o uniforme a ser usado pelos funcionários, a decoração da loja, a exposição dos produtos, etc.

O perfil do cliente indicará também quais serviços e diferenciais de atendimento são valorizados de fato, possibilitando usar essas informações para conquistá-lo e torná-lo fiel ao longo do tempo. Indicará até mesmo caminhos para a inovação, que serão reconhecidas pelos clientes; determinará o meio mais eficiente e adequado de fazer follow-up permanente, obtendo não só o fechamento de uma venda, mas a possibilidade de oferecer novas oportunidades.

PERFIL DO PRODUTO

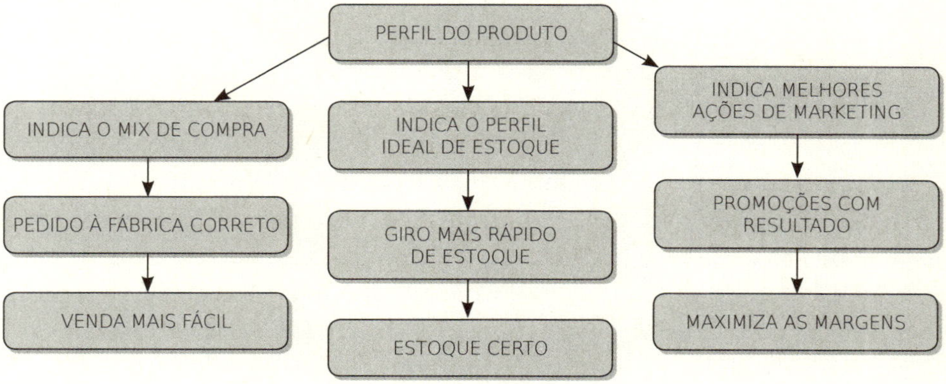

A segunda informação obtida pelo perfil do cliente diz respeito ao produto e opcionais procurados. Com essa informação, alcançada com a passagem de loja, determina-se quais os modelos daquela marca os clientes procuram. Esse conhecimento é uma ferramenta importante, que indica o rumo do pedido que será feito pelo concessionário ao fabricante. Se o consumidor procura um modelo de que o distribuidor não dispõe, a venda perdida servirá para o concessionário alterar o mix de produto pedido à fábrica. O pedido à fábrica jamais deve ser feito baseado na venda anterior, sob o risco de cometer nas novas encomendas os mesmos erros do passado, ou seja, pedir veículos fora do perfil de procura que foram "empurrados" ao concessionário que, a custa de margem de lucro e esforço comercial, acabou por vendê-los em condições desfavoráveis. Isso ocorre porque a montadora envia aos concessionários os carros que foram pedidos e também aqueles que não foram, pois trabalham com a chamada "intenção de produção", que é influenciada pelos pedidos dos concessionários e visa adequar a produção à demanda. Porém, o resultado por produto na montadora nem sempre permite atender 100% do pedido do concessionário e, assim, modelos indesejados são enviados ao estoque da revenda. Os veículos que não atendem ao perfil consumidor do ponto comercial obrigam o distribuidor, de imediato, no ato da chegada do produto, a conceder descontos, elaborar incentivos de venda, sacrificar a margem e gastar mais com estoque imobilizado. Se a decisão não for tomada imediatamente, aquele produto ficará no estoque e influenciará negativamente o custo financeiro. Com o passar do tempo a situação só piora.

Conhecendo o perfil de procura, purifica-se o pedido, minimizam-se as chances de a montadora mandar carros fora do perfil da loja. Além disso, sabendo antes dos poucos carros indesejáveis que receberá, o concessionário pode planejar ações de promoção imediata, minimizando os custos. Esses fatores estão diretamente relacionados ao resultado final: comprar mal equivale a vender mal, e o resultado será ruim. Quanto mais ajustado o pedido, mais fluida será a venda, diminuindo o tempo de estoque e melhorando os resultados financeiros.

Mas não é apenas o perfil do cliente que regerá o pedido à fábrica, o concessionário tem que conhecer a *curva de vida do produto*: todo produto nasce, cresce, matura, declina e morre. Em cada fase da vida o comportamento da margem de lucro é diferente. No nascimento e no crescimento as margens são sempre positivas, na maturação são estreitas, no declínio são muito pequenas e no ponto de morte são negativas. É preciso adaptar mais essa informação ao pedido. Perto da morte, o volume desse produto tem que ser minimizado. Quando nasce tem que ser maximizado, em troca de um maturado. A formação do pedido à fábrica sempre é técnica.

CURVA DE VIDA DO PRODUTO

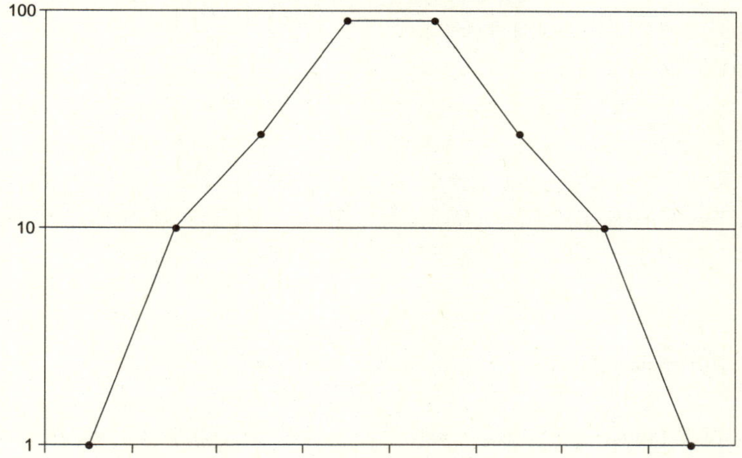

O perfil da mídia

A terceira informação obtida pela passagem de loja é a resposta das ações publicitárias. Como o cliente chegou à revenda? Por anúncios no jornal, spot de rádio, inserção na TV, indicação de clientes antigos, pela oficina, links patrocinados na internet, etc. Essa informação é fundamental para focar os esforços promocionais nas mídias que dão retorno positivo. Na prática cotidiana, observa-se que o revendedor investe dinheiro em propaganda sem quantificar a relação investimento/retorno. Quando a resposta é conhecida, o investimento é dirigido àquela mídia a que o ponto comercial responde melhor. Alguns pontos de venda respondem positivamente ao rádio, outros à TV, outros à internet, pois cada um tem um público-alvo. O distribuidor deve experimentar e pesquisar permanentemente os resultados, já que as respostas variam constantemente.

Conhecendo o perfil socioeconômico do cliente, o distribuidor elabora as campanhas publicitárias condizentes com aquele perfil e tem condições de adaptar o mix de produto pelo patamar de renda, hábitos de uso e consumo do consumidor. O mesmo perfil de cliente que induziu a encomenda correta informa o mix de estoque compatível com a procura e, em decorrência, permite o giro mais rápido de estoque e margens comerciais mais folgadas.

Os resultados de mídia devem ser acompanhados pelos seguintes parâmetros:

- Moeda gasta em mídia por veículo.
- Índice de resposta da mídia aplicada.
- Resultado de margem bruta por veículo vendido *versus* moeda gasta em mídia por veículo no geral e aplicando sobre o índice de resposta.
- Peso na pesquisa de loja do ponto comercial (passagem), indicação, pós-venda e propaganda da montadora cujo custo é zero e depende apenas de atitudes internas para ativá-los.

Vendas perdidas

As vendas perdidas ou negócios que não se concretizaram fornecem uma rica informação sobre o desempenho da equipe, mix de estoque, avaliação do carro usado, treinamento de vendas, rapidez de atendimento, técnicas de fechamento e, principalmente, follow-up de clientes. As vendas perdidas devem ser consideradas como fator de ajuste no cálculo do potencial de vendas do concessionário e devem ser analisadas com profundidade, pois indicam problemas que, em uma primeira avaliação, podem passar despercebidos. Podem indicar falhas da equipe de vendas, por treinamento insuficiente nas técnicas e procedimentos de fechamento, e até do script de vendas, que não pode ser abandonado. Identificam problemas com a qualidade ou demora no atendimento, que não são relatados pelos clientes se eles não forem provocados a fazê-lo. A demora no atendimento, por exemplo, é apontada como um dos fatores mais comuns para a perda de vendas. Outro fator, identificado no mercado como responsável pela não venda é a completa falta de acompanhamento do cliente depois que ele deixa o ponto de venda. Um grave erro de procedimento, que deixa o cliente solto para analisar e comparar. Ele acabará comprando daquela revenda que se mostrou mais eficiente, assertiva e transmitiu segurança e qualidade de atendimento em geral.

Concluindo, é preciso lembrar que quanto maior o índice de fechamento, mais carros serão vendidos, maior a quantidade de vendas. O conceito é óbvio e traz em seu âmago o futuro do segmento: tornar o cliente fiel concedendo atenção e atendendo a todas as suas necessidades.

É necessário fazer com que cada consumidor se torne permanente para que ele venha a adquirir todos os veículos ao longo de sua vida naquele ponto comercial. Esse objetivo só é alcançado através da qualidade do atendimento, superando as expectativas em todas as etapas, do atendimento inicial ao pós-venda, passando por todo acompanhamento da vida do carro e do consumidor, enviando mensagens de felicitações pelas datas especiais, do cliente e da família, do aniversário do carro e, principalmente, monitorando a hora da troca. Ao mesmo tempo, estar presente quando o cliente precisar da revenda, atendendo com qualidade e resolvendo os problemas que surgem. As práticas de qualidade, à medida que os concessionários sejam eficientes na fidelização, possibilitarão índices maiores de fechamento.

A IMPORTÂNCIA DO ÍNDICE DE FECHAMENTO

O ÍNDICE DE FECHAMENTO

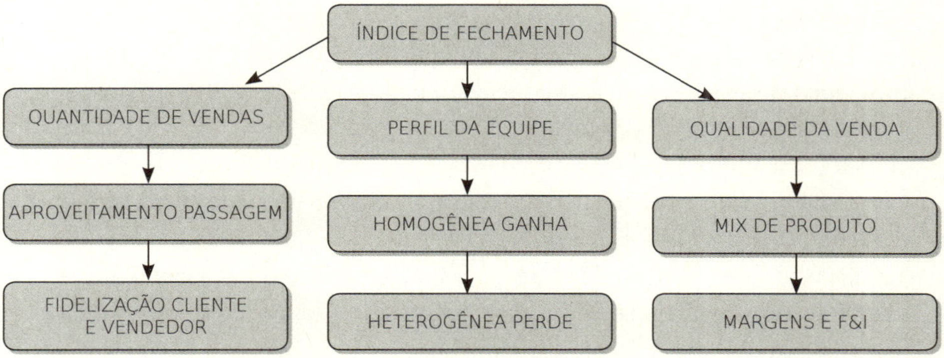

Sabe-se que o índice de fechamento é uma das principais ferramentas para medir potencial de vendas, agora é preciso entender como o índice de fechamento pode ser maximizado, através da informação do perfil da equipe de vendas e do vendedor e aprimorando, pelo acompanhamento, a qualidade e a quantidade de vendas.

O perfil da equipe de vendas

Qual é o perfil de sua equipe de vendas, homogêneo ou heterogêneo? As equipes homogêneas são as mais difíceis de montar. É quando todos os vendedores obtêm uma média de índice de fechamento muito próxima à média geral da equipe, ou seja, é uma média de baixo desvio padrão. A heterogênea é a mais comum, pois uma parte da equipe é "fera" e a outra é apenas medíocre. Esse perfil é o maior problema que um concessionário pode ter, pois gera a perda do maior patrimônio da empresa: os clientes, que chegam até o ponto comercial, negociam e não fecham negócio. Deve-se lembrar que esse cliente atendeu ao chamado da propaganda, conhece a localização do ponto de venda, foi à loja, entrou, conversou com o vendedor, conheceu o produto, avaliou o preço e foi embora sem fechar. Esse cliente está preparado para comprar do concorrente pela ineficiência da equipe de vendas. A modelagem do perfil da equipe depende da gestão gerencial, baseada no acompanhamento firme e cotidiano, mensurando em todos os momentos a qualidade, a técnica, os resultados, a postura, a proatividade e, principalmente, a excelência da prospecção.

O mercado demonstra, de forma muito clara, que o bom vendedor não precisa da passagem de loja para vender, se for eficiente na prospecção. Com uma contribuição de três a quatro clientes/dia, no período de um ano, ele formará uma carteira de mil clientes. Se estes trocarem de carro a cada quatro anos, apenas, essa carteira de clientes garantirá a venda de 250 carros por ano, ou mais de vinte carros por mês!

Será que é difícil trabalhar e fidelizar três a quatro clientes por dia? Não é esse volume, ou algo bem próximo, a quantidade de atendimentos de um vendedor em uma loja, em média?

No futuro, as equipes de vendas serão distintas para cada canal, ou seja, equipe de loja, de internet, dedicada a prospecção própria, equipe de frotistas, equipe de atendimento personalizado, etc.

O perfil do vendedor

A análise individual, por vendedor, do índice de fechamento de vendas, e não apenas da média, permite detectar quem funciona e quem não, equalizando a equipe heterogênea.

Só a análise do desempenho individual propicia ao titular perceber aquele que vende pouco e permanece na equipe insatisfeito, transmitindo isso aos colegas e aos clientes e contaminando todo o ambiente.

Parte do problema é a imagem de pouca qualificação dos vendedores. É preciso torná-los mais qualificados. Sai o vendedor, entra o consultor de vendas, muda-se não apenas a nomenclatura, mas a qualificação que o mercado requer. A remuneração, toda variável, além de um mínimo obrigatório, tem que ser compatível para segurar os talentos, que precisam vender em média entre doze e dezoito veículos/mês, número referencial para concessionários que vendem produtos nacionais de gama plena de modelos. Objetivos menores fazem com que os vendedores não alcancem seu sustento e, muito menos, se mantenham na empresa, jogando fora todo o trabalho de seleção e treinamento, além do dinheiro investido nesse processo. Ademais, o bom desempenho depende do correto dimensionamento da equipe de vendas.

Vender e comprar são mais do que uma transação comercial, são um relacionamento que envolve, no mínimo, duas pessoas: o vendedor e o cliente/comprador. Cada qual com argumentos racionais e emocionais. Como se trata de um relacionamento, não cabe falar em carteira de clientes e, sim, em rede de relacionamentos. O vendedor precisa manter esse elo e retroalimentá-lo após a venda. Além disso, precisa estimular-se com a rede de relacionamentos e ampliá-la.

O desempenho dos vendedores dependerá de três fatores básicos: caráter inato, treinamento e motivação, além de características pessoais e profissionais, como idade compatível com a função, vida pessoal estável, educação, qualificações profissionais como conhecimento de línguas, inteligência, experiência na função, disponibilidade, saúde, assiduidade (disposição para o trabalho), perseverança, habilidade (para executar as tarefas de vendas), lealdade (como funcionário), honestidade e realizar-se gostando do que faz. Naturalmente, espera-se uma pessoa madura emocionalmente, isto é, que não seja dependente, negligente, que tenha amor-próprio (autoestima), mas não seja egoísta ou exibicionista.

Para vender, o consultor de vendas precisa conhecer o produto e as necessidades de seus clientes e descobrir as razões que o motivam a comprar. Somente após determinar acertadamente as necessidades do consumidor é que o vendedor pode apresentar uma oferta adequada. Quanto mais necessidades descobrir, maiores serão as chances de efetuar a venda.

Também é função do vendedor trabalhar o ponto de venda destacando os produtos, e "ficar ligado" nas promoções da fábrica e da revenda. E, sobretudo, seguir o ciclo de *dez passos de atendimento*, mostrados a seguir:

- Primeiro passo

  Após a atração do cliente, o primeiro contato pessoal é com o vendedor, que deve manter uma boa aparência (roupa formal de negócios), sorrir, ser respeitoso, olhando o cliente nos olhos, iniciar o contato de modo agradável e falar a linguagem dele.

- Segundo passo

  O levantamento das necessidades deve ser feito por meio de perguntas diretas, do tipo:

  — Que veículo o interessa particularmente?

  — Que veículo possui no momento?

  — Qual é a sua experiência com seu veículo atual?

  — O que o senhor(a) mais valoriza em um veículo?

  — Para que irá usar seu veículo? E quem mais irá utilizar?

  Perguntas que determinam os motivos de compra, que podem ser: segurança, características esportivas, prestígio, conforto. Ou de uso, tais como, fins utilitários, comportamento na direção, outros usuários, critérios de decisão, orçamento, interesses pessoais. Itens importantes para os consumidores, que depois poderão ser usados como argumento de venda.

- Terceiro passo

  O passo seguinte é a apresentação do veículo. Deve-se apresentar e comentar o produto do ponto de vista das necessidades individuais do cliente, pois este irá comprar não apenas um produto, mas os benefícios que o produto oferece. Vale comparar as vantagens do veículo mostrado com os carros da concorrência, sem, no entanto, falar mal, mas explicando as vantagens do veículo que está oferecendo.

  Na apresentação o método para demonstrar é chamado "cinco tempos"– frente, lateral direita, traseira, lateral esquerda, interior.

- Quarto passo

  Uma ferramenta de vendas importante, que vem ocupando um lugar de destaque nas estratégias de propaganda e nas ações de marketing das montadoras é o test-drive. Pesquisas realizadas pelos fabricantes indicam que a experiência com o carro, proporcionada pelo *test-drive,* é o terceiro fator de maior influência na decisão de compra de um veículo novo. Em primeiro lugar está o design e depois, o preço. Testar um veículo antes de comprá-lo é importante para dar visibilidade aos lançamentos e, igualmente, no dia a dia torna possível ao cliente sentir o carro como sendo seu. É o elo entre aquilo que se deseja e o que se espera de um novo carro. Em um setor competitivo, onde há muitas opções de produtos em um mesmo segmento de mercado ou inseridos na mesma faixa de preço, a experiência de vivenciar o carro é fator determinante para a percepção do desenvolvimento tecnológico e dos atributos de valor de cada veículo. Ao apresentar um carro e oferecer um test-drive, o vendedor precisa preocupar-se com a aparência dos carros, evitar que estejam sujos, empoeirados, riscados, com marcas de dedos na pintura e nos vidros, providenciar que estejam abastecidos, em um lugar arejado. Além disso, deve direcionar a atenção argumentando com os motivos de compra detectados no levantamento das necessidades (segundo passo). Por exemplo, se para o cliente prestígio for importante, enfatizar as vantagens da elegância e do design. Se o cliente der relevância à segurança, o que deve ser mencionado são os itens de segurança para o motorista e os acompanhantes. Durante o test-drive, o vendedor deve utilizar roteiros onde o cliente possa experimentar o veículo em diversas situações. Sendo que quem começa dirigindo é o vendedor e, na metade do percurso, convida o cliente a assumir a direção.

- Quinto passo

  É a oferta do veículo e dos opcionais, mencionando vantagens de custo *versus* benefício com os argumentos adequados para o cliente. Como será detalhado mais adiante: nunca dê um preço isoladamente, agregue valor ao produto.

- Sexto passo

  É receber o usado como parte de pagamento, garantindo ao cliente uma troca sem complicações e para a revenda, carros atrativos (ver capítulo Gerenciando autos usados).

- Sétimo passo

  Vender ativamente financiamento e seguros, pois aumenta o lucro por veículo. É bom lembrar que, historicamente, de 50% a 80% de todos os veículos são adquiridos financiados ou por leasing.

- Oitavo passo

  Acompanhamento, como visto antes: contatar o cliente que não fechou o negócio, já que 85% dos clientes não compram na primeira visita, a decisão de compra vem mais tarde.
- Nono passo

  Fechamento da venda, o objetivo do vendedor e a entrega do veículo que deve ser um acontecimento e um momento especial para o cliente. Além disso, a última impressão é a que o cliente irá conservar na memória.
- Décimo passo

  E, por fim, a fidelização, que compõe as etapas principais de um bom atendimento.

O vendedor deve evitar: "empurrar" o produto — dirigir a venda para o cliente errado; incomodar o cliente com conversas improdutivas; não respeitar os horários de compra do cliente; impontualidade; não comparecer aos encontros marcados; iniciar a jornada de trabalho muito tarde; preconceitos; falta de sensibilidade para entender o cliente; deixar que o cliente comande o processo e abandonar o cliente.

Parametrizações

Acompanhar de perto os resultados é uma prioridade e uma necessidade da administração das revendas de veículos. É preciso ter em mente parâmetros que indiquem, com exatidão, a boa performance. Esses parâmetros originados de diferentes fontes têm em comum os objetivos de maximizar resultados e minimizar custos. A obtenção de tais indicadores depende de pesquisa de mercado, benchmarking e, principalmente, de quantificação da própria atividade.

Os parâmetros indicados são fruto da experiência dos autores nas empresas que gerenciaram, bem como de permanente pesquisa de mercado, atualizando os indicadores. É importante ressaltar que são parâmetros dinâmicos — devem ser atualizados ao longo do tempo — e que buscam melhores resultados operacionais, qualidade e eficiência.

Os índices a seguir aplicam-se em revendas de automóveis de fabricação nacional, pois estão atrelados ao preço médio da referida gama de modelos existentes.

Indicadores

Número de veículos por vendedor

A média nacional de vendas por consultor de vendas varia de região para região, porém é possível considerar:

- Mínimo de doze unidades por vendedor: abaixo deste número o *turn over* de vendedores é alto, comprometendo os custos de treinamento, aproveitamento da passagem de loja e criando um clima negativo na equipe.
- Média de dezoito unidades por vendedor: com esta média mantém-se uma rotatividade adequada dos vendedores e indica um bom aproveitamento da passagem de loja, além de propiciar uma disputa sadia entre os vendedores, criando oportunidades de crescimento da equipe.

Índice de fechamento ou aproveitamento de fluxo de loja

Como vimos, a análise dos índices de fechamento de cada vendedor é um importante parâmetro do potencial do ponto comercial e da qualidade da equipe de vendas.

Índice de fechamento:

- Até 15% perfil = Medíocre
- De 16% a 20% perfil = Razoável
- De 21% a 25% perfil = Bom
- De 26% a 30% perfil = Muito bom
- Acima de 30% perfil = Ótimo

Atenção: o trabalho com CRM aumenta em 5% o índice total de fechamento, por exemplo, de 25% para 30%.

Usados na troca

- Mínimo de 45% dos carros novos vendidos: menos do que este valor o preço de avaliação do usado está errado. Está se pagando menos do que a média do mercado, ou há desvio de usados para o mercado paralelo.
- Máximo de 65%: acima deste percentual há erro de preço, pagando mais que o mercado.

Relação novos e usados na venda

- Mínimo: 1 novo para 0,5 usado.

- Bom: 1 novo para 1 usado, esta relação garante a saúde da empresa nos momentos de mercado difícil para o carro novo.
- Ideal: 1 novo para 1,3 usado, garante ao pós-venda total independência da empresa em relação ao mercado de novos, isto é, todo o resultado que vier de novos será lucro líquido.

Prospecção por vendedor

Um vendedor deve prospectar e cadastrar em média quatro clientes por dia, com isso estará formando, em um ano, uma carteira de mil clientes. Tomando por base um prazo médio de troca de veículos de quatro anos, esse vendedor estaria apto a vender em média vinte carros por mês, sem depender da passagem de clientes pela loja, apenas se utilizando de sua base de clientes cadastrados.

O PEDIDO CORRETO DE VEÍCULOS À MONTADORA

É necessário equalizar o mix de modelos enviados pela montadora ao mix de modelos procurados pelos clientes na revenda. O pedido à fábrica deve ser o mais próximo possível do perfil de procura, não será 100% coincidente, pois a montadora sempre tem modelos que deseja faturar, que não se enquadram nesse perfil, mas o papel do gestor, conhecendo o perfil de procura e solicitando o que o consumidor deseja, é diminuir as diferenças entre o que é enviado e o que é efetivamente procurado. O perfil de procura varia em função das diferenças regionais e socioeconômicas.

GERENCIANDO O VOLUME DE VENDAS

Qual o volume ideal de autos novos?

Duas molas mestras sustentam o volume de autos novos: o potencial do ponto de venda (incluindo as vendas externas e frotistas) e o índice de fechamento. Falar de volume é falar de venda e de compra. Trabalhar volume não se restringe a comprar o carro certo, mas o volume certo. O volume está relacionado

GERENCIANDO VOLUME

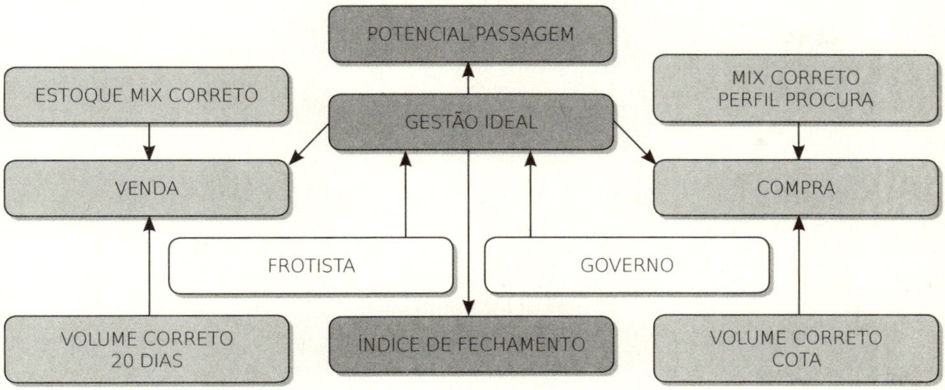

com o plano de ação anual e com a capacidade de estocagem, que, por sua vez, tem que ser pensada levando em conta um período máximo de estoque. A lei nº 6729/79 já estabelecia que os revendedores não são obrigados a manter mais do que dois terços do mês em estoque, por modelo. No entanto, nem todas as associações de marca conquistaram nas montadoras o direito de interromper o fornecimento de um determinado modelo quando o estoque é suficiente para 21 dias de operação. Decisões como essa são responsáveis pela manutenção da saúde do concessionário. No passado, a ausência desse critério levava o concessionário a dificuldades financeiras, pois era obrigado a estocar por períodos longos, com altos custos financeiros comprometendo a rentabilidade da empresa.

Como carros parados influenciam a gestão do volume, o primeiro mandamento é não ter veículos em estoque por mais de trinta dias. Os modelos parados por 21 dias devem acender uma luz de alerta na cabeça do administrador — carros parados por trinta dias acendem uma luz de emergência —, que precisa atuar agressivamente naqueles veículos para desovar o estoque. Só é possível fazer isso na venda se o mix de estoque for compatível com o ponto comercial (perfil de procura). Caso contrário, o ponto de venda fica comprometido, as vendas são menores, os carros e o capital ficam imobilizados por mais tempo.

Ainda na gestão de volume, não é possível se dissociar do market share objetivado pela montadora, que é o objetivo a ser alcançado. O gestor tem a obrigação de acompanhar em sua região a participação de mercado da marca que representa e, no mínimo, buscar essa fatia sendo líder no seu segmento e tirando o máximo da passagem de loja.

Em resumo: maximizar volume é uma questão de comprar certo, pela procura da loja e não pelo histórico de vendas, e vender certo, priorizando o giro e disponibilizando no estoque o perfil de procura.

GERENCIANDO A MARGEM BRUTA INTEGRAL

GERENCIANDO MARGEM

A margem de lucro é composta de vários elementos. Não é apenas o lucro comercial, mas o de *Financing* e *Insurance* (F&I) (do inglês, financiamento e seguro), do carro usado trocado na compra do novo, acessórios, etc.

Entre outras coisas, a postura do vendedor confere valor máximo ou mínimo a essa margem. Aquele profissional que só discute preço, chamado de vendedor quadrado, só fornece uma informação parcial ao gestor. Já o vendedor redondo, é aquele que, na negociação, traz todos os elementos da operação: preço, carro usado, acessórios, financiamento e taxas, seguros, etc. que, somados, conferem maior valor à transação. O peso da avaliação do usado no fechamento da venda deve considerar a expectativa de valor que o cliente tem daquele carro, procedimentos de avaliação, índice de liquidez do usado, saber se o usado faz parte do perfil de procura do ponto comercial, custos de investimento, quilometragem, etc.

O básico da operação é vender carro administrando corretamente preço, descontos praticados e o veículo usado que compõe esse preço. Outro aspecto é a receita financeira e dos outros produtos. Com a estabilização da moeda, com o real, a inflação controlada, o crescimento econômico iniciado em 2005, a queda da taxa de juros impulsionou a oferta de crédito no setor automobilístico. Com isso, o Brasil passou a replicar um fenômeno mundial: financiamento farto e acessível para comprar automóveis novos. Com a vantagem de essa ser uma das modalidades mais baratas de crédito, atrás apenas do crédito imobiliário. A facilidade de retomada do bem e a fácil revenda do carro asseguram menor risco financeiro às instituições e garantem as menores taxas.

O que se tem visto no mercado desde que o crédito se tornou mais acessível e farto são os concessionários desaprendendo a vender automóvel porque passaram a vender financiamento. A origem e o futuro do negócio é voltar ao básico: vender e ganhar dinheiro com automóvel. Porém, as receitas financeiras são um componente importante e permanente no resultado, mas de contribuição variável, pois depende das condições de mercado em relação a juros, prazos, critérios de aprovação de crédito, entre outros.

Assim, os concessionários têm vários mundos para administrar: a margem comercial, a financeira, os acessórios, os serviços de licenciamento e outros de natureza similar, bem como os contratos de serviços futuros e outros produtos que podem ser criados para incrementar os resultados.

Quanto ao retorno financeiro, vários são os fatores que devem ser acompanhados criteriosamente e que obrigam o foco em cada uma das operações, como a taxa de cadastro, também chamada de taxa "Plus", entre outras diferentes denominações, que é um valor adicional pago ao concessionário em função de volume de produção de financiamento, seguros vendidos, contratos de garantia estendida.

Em resumo: o lucro bruto deve ser maximizado através de margem comercial e do F&I. E a venda deve ser analisada como um todo: margem comercial + margem de F&I + margem de usado.

Como iniciar uma negociação? Com que base de preço deve ser iniciada? Com o preço de tabela cheio, ou este valor menos um desconto, ou tabela mais um adicional? É uma dúvida comum, mas a resposta não é fácil, nem única, pois os elementos dessa decisão são variáveis, dependem do momento do mercado, das oportunidades, das mídias utilizadas e da estratégia comercial, do segmento de atuação, da concorrência, etc. Cada um desses quesitos direciona a um tipo de posicionamento e de conduta comercial. Quando o mercado aquece, as margens sobem porque os descontos e incentivos de venda são retirados. O consumidor que precisa do carro compra e paga o preço pedido. Quando o mercado está recessivo ou estagnado, o consumidor é o rei da negociação, os descontos aparecem. É um jogo extremamente dinâmico, e é função da gestão antecipar-se ao mercado porque estar em paralelo a ele ou atrás não constitui privilégio algum.

Nos cursos de vendas que qualificam especialistas, é ensinado que o vendedor deve conversar sobre tudo com o cliente menos sobre preço. É o conceito das pirâmides invertidas.

Veja o que *não* deve ser feito:

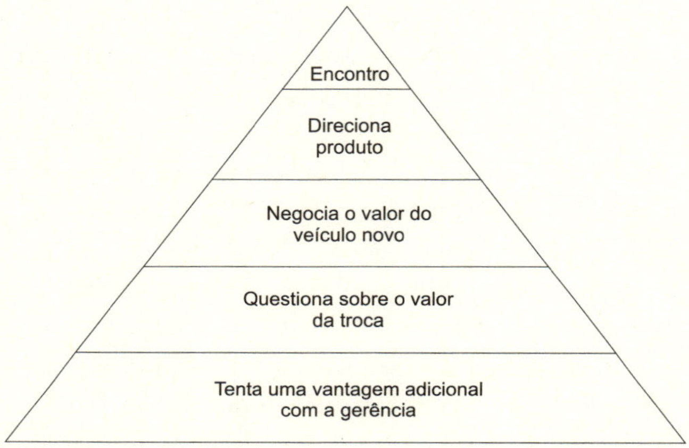

O modo correto de fazer é negociar uma série de ações e, por último negociar o preço. Veja se seu processo de venda favorece a venda dos produtos de F&I.

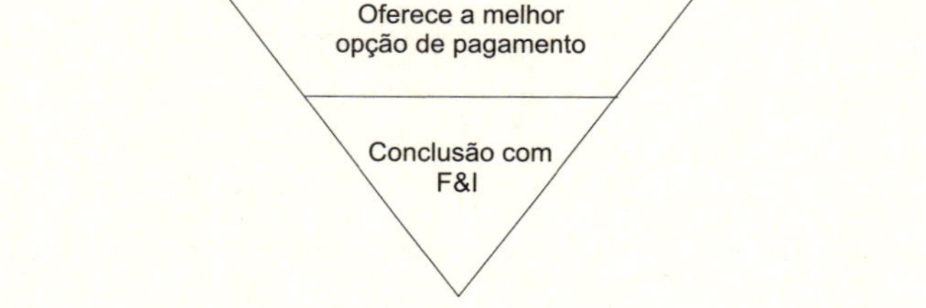

Existem diferentes estratégias de negociação com o cliente:

- A negociação sem discussão de preço. Para essa modalidade, usada também nos Estados Unidos e na Inglaterra, a prática demonstrou que ela só funciona com base em algumas premissas básicas, como preço realmente competitivo, alta qualidade de produto e mercado de demanda e não de oferta.
- A negociação que obedece a critérios, como já mencionado acima, em que o preço é um dos ingredientes, com uma posição clara no final do contato e não no início da relação com o cliente.
- A negociação puramente baseada no preço em condições muito específicas, como nos casos de feirões onde a comparação de preço é direta.

O que se vende na verdade não é apenas um produto, mas a imagem da marca, qualidade, pós-venda e, principalmente, fidelização.

GERENCIANDO O GIRO DE ESTOQUE DE VEÍCULOS NOVOS

GERENCIANDO O GIRO

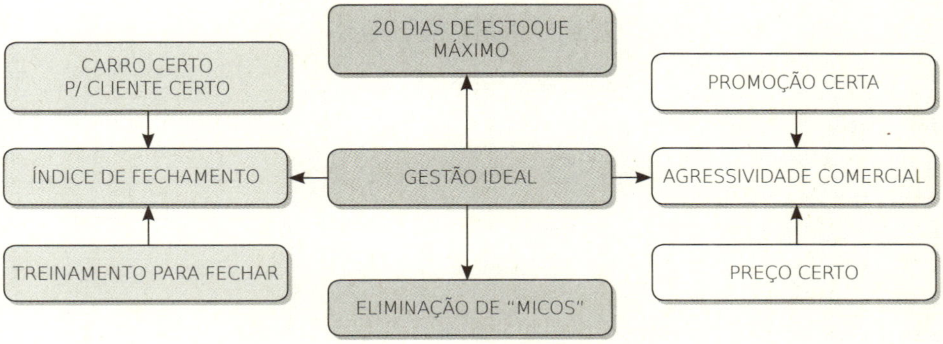

Dias máximos de estoque são estratégicos e fundamentais na gestão do giro, assim como a postura comercial de eliminação de carros problemáticos, os conhecidos "micos". De nada adianta estabelecer metas de vinte ou trinta dias de estoque máximo, se não houver, em contrapartida, uma postura comercial agressiva e promoções adequadas para liberar os carros mais difíceis de venda. Passividade significa giro baixo, enquanto agressividade comercial é falar de preço certo e promoção certa. Sem preço nem promoção não há venda. Estar bem informado sobre o mercado, relacionar-se bem com as pessoas, conhecer que ação publicitária funciona e trazer o cliente para a loja são os óleos que lubrificam essa engrenagem.

O outro lado do giro é o índice de fechamento. É preciso ter o carro certo no estoque para atender aos clientes e treinamento de venda para aumentar o índice de fechamento.

Nesse quesito é muito importante a posição do gerente de vendas, que precisa reunir-se constantemente com a equipe para expor os detalhes, as promoções da semana, como atacar os problemas, as notícias de jornal, as oportunidades e informações estratégicas que trazem para que a equipe use-as no trabalho do dia a dia.

Em suma: priorizar o giro significa não possuir carros parados no estoque — vinte dias já é sinal de alerta —, significa também possuir sempre promoções no showroom, conhecer a concorrência e possuir sempre um preço e uma condição competitiva, acompanhar o índice de fechamento geral e individual.

GERENCIANDO O RESULTADO DE VEÍCULOS NOVOS

GERENCIANDO O RESULTADO

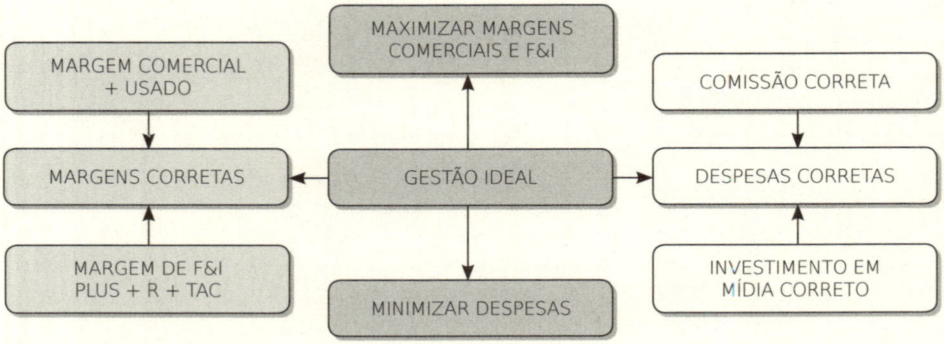

Margens comerciais, financeiras e de veículos usados devem ser balanceadas na negociação; às vezes é preciso aumentar a margem comercial e reduzir a financeira, em outras, é preciso fazer o inverso. Os grandes grupos de concessionários, nos centros metropolitanos, por exemplo, aumentam a margem financeira e diminuem a margem comercial, abaixando o preço do veículo. Com o advento do crédito farto, o aumento da margem financeira mostrou-se mais vantajosa e, ao fim e ao cabo, os ganhos são maiores, vende-se e ganha-se mais do que antes. Essa estratégia, no entanto, transmite ao consumidor um preço de veículo muito baixo, que favorece o grande e prejudica o pequeno concessionário, que não consegue negociar com as mesmas condições. Outra estratégia é favorecer a margem comercial e diminuir a financeira. Só que não é possível fazer isso em mercados competitivos, apenas nos mercados monopontos.

Ao analisar os anúncios da concorrência, o concessionário deve ler as letras miúdas ao pé da página para interpretar a estratégia do concorrente corretamente. Quando lê com atenção, percebe que a estratégia é agressiva, mas na ponta do lápis fica tudo igual e isso deve ser explicado para o consumidor e para as equipes de venda que são encarregadas de defender a estratégia da empresa.

Além de ganhar mais, o resultado depende de gastar menos. O primeiro passo para reduzir despesas é a comissão do vendedor. Pagar a comissão correta é remunerar de forma variável cada um dos elementos que compõe o resultado do negócio. Um percentual variável sobre margem, volume, lucro líquido, resultado de F&I, sobre seguro, acessórios, despachante, etc. Assim, cada carro vendido pode ter cinco ou seis remunerações, ajustadas dinamicamente, e um prêmio sobre o volume de vendas. O pagamento de comissão deve ser sobre a margem bruta e não sobre a operacional, já que esta entra nos detalhes da eficiência da administração, premiando ou penalizando a equipe pela boa ou má gestão.

GERENCIANDO A EQUIPE DE VENDAS

Foi visto que para maximizar resultados, o ideal é manter uma equipe homogênea. A formação dessa equipe, por vezes, depende da imagem que

GERENCIANDO A EQUIPE

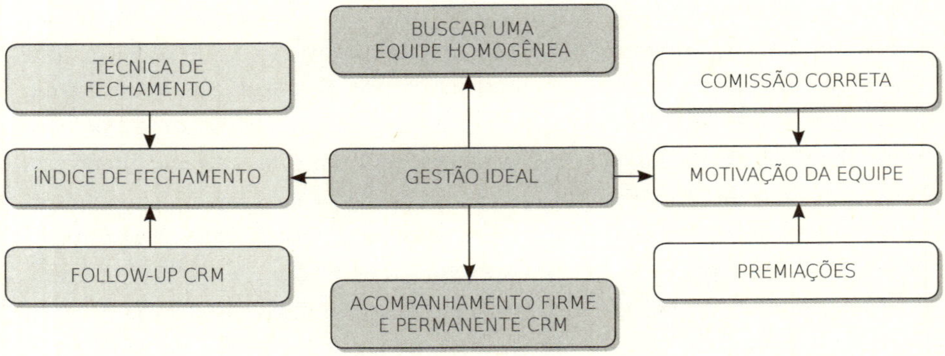

a revenda tem no mercado e é função do administrador zelar por uma boa imagem empresarial capaz de atrair e manter profissionais interessados. Nenhuma gestão de equipe funciona se não for firme e permanente, consistente e com procedimentos rígidos. É preciso ainda motivar, e não se motiva ninguém sem o pagamento correto, sem prêmios, treinamento e presença do líder. Outro instrumento para motivar a equipe é, de novo, gerir o índice de fechamento individual com técnicas de venda e folllow-up do cliente (CRM) até o fechamento do negócio e também depois. Estatísticas apontam que o cliente pode comprar o carro até cinco dias úteis, em média, depois da visita à loja. É o tempo que ele leva para maturar a decisão. A bateria do CRM deve ser intensa nesses cinco dias que sucedem a visita porque a probabilidade de fechamento depois desse período cai vertiginosamente; ainda existe, mas cai muito. Hoje, se o cliente, visitar cinco revendedoras, três vão pegar seu telefone, duas não. Dessas três, só uma vai ligar e fazer follow-up. Seja como for, o contato com o cliente exige treinamento para uma abordagem correta sem perturbá-lo. Atualmente, como quase ninguém liga, quem o faz demonstra atenção, e a pressão dá resultado porque é quase inexistente. Quando todos reconhecerem a necessidade da abordagem pós-visita e todos ligarem, as pesquisas detectarão que os clientes estão incomodados. Será necessário mudar a abordagem para ser menos invasivo, utilizando meios de contato como e-mail, SMS, desde que autorizados. A necessidade de contato não mudará, apenas a forma deverá ser mais seletiva.

GERENCIANDO A PROMOÇÃO DE VEÍCULOS NOVOS

GERENCIANDO A PROMOÇÃO

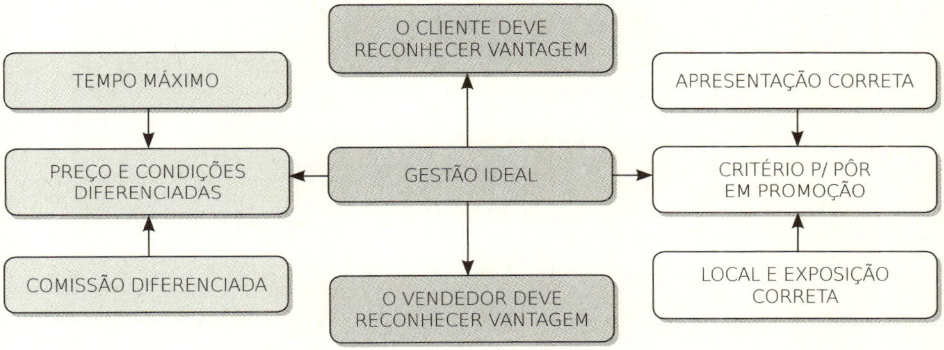

O princípio básico da promoção é ser reconhecida como uma vantagem, pelo cliente e pelo vendedor. Se um dos dois não identificar claramente a vantagem, então não é promoção. Um não vai vender, o outro não vai comprar e a ação não será bem-sucedida. Em caso de promoção, o veículo, deve ter uma localização estratégica no showroom e apresentação correta, de tal forma que, ao entrar na loja, a promoção vá ao encontro do consumidor e este constate as vantagens de um bom negócio. Para ser vista como circunstância benéfica, a promoção tem que ter um diferencial de preço, de facilidade de pagamento, brindes e outros. Para o vendedor, a comissão também será diferenciada. Promoção que se preze não deve durar mais do que cinco dias. Mais tempo que isso, o cliente que passa frequentemente pela loja e vê sempre a mesma promoção vai acreditar que aquela oferta na verdade é um "mico". O vendedor achará a mesma coisa e não oferecerá o carro. A direção também não pode deixar transparente para a área de vendas qual o critério da promoção. Se criar um procedimento do tipo "Todo carro que passar sessenta dias em estoque entra automaticamente em promoção" , quando chegar em 58 dias, sabendo que terá uma comissão diferenciada, o vendedor espera e não trabalha mais aquele carro. A mesma coisa se aplica ao dia a dia. Deve-se usar técnicas de exposição dos veículos, mudando-os de posição para que diariamente apareça uma novidade atrativa. O showroom deve falar com o cliente, pela mudança do layout dos carros, primando pela limpeza dos veículos e sendo sempre diferente, de modo a dinamizar o ponto de venda.

Em resumo: todo dia deve existir uma promoção, mas o critério não pode ser conhecido. Toda promoção deve durar um tempo máximo. A vantagem para o cliente e para o vendedor deve estar clara e transparente.

GERENCIANDO A PROPAGANDA DE VEÍCULOS NOVOS

GERENCIANDO A PROPAGANDA

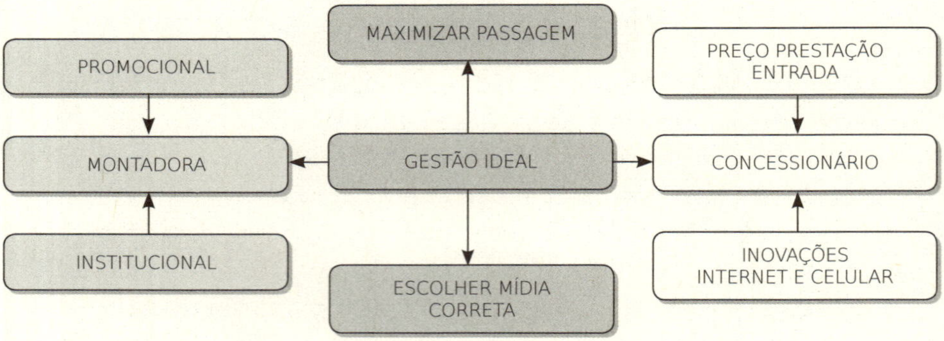

Gerenciar a propaganda é maximizar a passagem do ponto de venda e realizar ações publicitárias na mídia certa para o público correto.

Só que a propaganda é realizada tanto pelos revendedores quanto pelos fabricantes. O concessionário repercute as consequências das duas ações, que não podem colidir para não confundir o cliente nem a equipe de venda, pois elas estarão na mesma mídia, no mesmo instante, expostas ao mesmo consumidor. Montadoras e concessionários são duas marcas que precisam trabalhar com consistência e com sinergia em suas mensagens, unir esforços para não desperdiçar recursos.

As montadoras fazem dois tipos de propaganda: a institucional e a comercial. A institucional é a construção da imagem da marca que não pode ser negligenciada em setores muito competitivos como o automotivo. Em uma definição bastante simples de Philip Kotler: "A marca tem o propósito de identificar bens ou serviços de uma empresa e de diferenciá-los dos concorrentes". Uma boa marca vai além da mera identificação com um nome ou logotipo. Ela transmite uma série de informações, associações e expectativas, que contribuem para a diferenciação em relação à concorrência. Esse tipo de propaganda não interfere nas ações do concessionário. Já a comercial pode atrapalhar, se não for sintonizada com a mensagem do concessionário. Em algumas redes, o revendedor que entra com uma oferta diferente da que for acertada regionalmente é até penalizado. Por exemplo, acerta-se um bônus como o pagamento do IPVA. Todos os concessionários daquela marca têm que seguir a ação. Para evitar colisões, as revendas e as montadoras comunicam-se, via circular emitida pelo fabricante, com parâmetros definidos e claros, e todos os revendedores se norteiam por esse documento para definir as ações individuais. As ações são amarradas, mas mesmo assim, é necessário criatividade e inovar na comunicação.

Em resumo: a propaganda da marca deve ser aproveitada pelo concessionário. Mensagens diferentes confundem o consumidor. A mensagem do concessionário deve ser agressiva, quando a montadora está fora da mídia, e enfatizar a prestação mais baixa, em condições diferenciadas de entrada, em supervalorização do usado e vantagens diferentes que atraiam o consumidor. As pesquisas demonstram que a palavra "feirão" se traduz em "vantagem" para o consumidor.

GERENCIANDO O PÓS-VENDA DE VEÍCULOS NOVOS E FIDELIZANDO O CLIENTE

Os dicionários de língua portuguesa ensinam que pós-venda é o conjunto de atividades de marketing realizadas após a venda do produto ou a prestação do serviço, que abrange pesquisas de satisfação, serviços de manutenção, promoções especiais e outras formas de atendimento, objetivando a fidelização do cliente.

GERENCIANDO O PÓS-VENDA

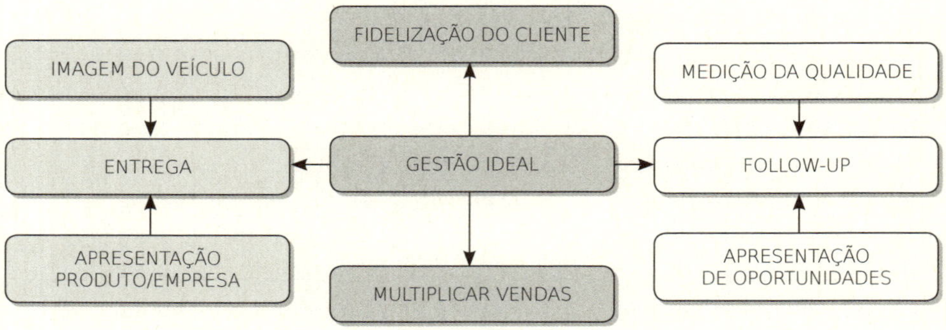

A primeira e maior preocupação é tornar o cliente fiel, tratando-o bem depois da venda e, dessa forma, abrindo oportunidades de realizar vendas futuras. O mais importante instrumento de pós-venda é a entrega técnica do veículo, com a apresentação do produto — que tem que estar limpo —, do manual do proprietário, das garantias, os direitos, as responsabilidades, o contato do cliente com os profissionais da empresa com quem tratará dali em diante, explicando o que esses profissionais podem fazer para ajudá-lo, enfim, deixar essa relação clara, com qualidade, interesse e respeito pelo consumidor. Se isso não for feito nunca mais esse cliente se tornará fiel. O segundo instrumento é o já citado *follow-up,* o acompanhamento permanente, mantendo contato, apresentando oportunidades e tornando evidente a qualidade do relacionamento.

O futuro do negócio das revendas de veículos está no pós-venda. O pós-venda e o CRM garantirão o sucesso do negócio. A entrega do veículo deixa uma forte impressão no consumidor e precisa denotar atenção, carinho, brindes e segurança.

3

GERENCIANDO AUTOS USADOS

PREMISSAS DO NEGÓCIO DE VEÍCULOS USADOS

Duas premissas fundamentais regem o negócio de veículos usados. A primeira é que a decisão e a política de comercialização devem ser consensuais, compartilhadas por toda a administração da revenda e por todos os profissionais envolvidos no processo. Porque ainda existe um preconceito que faz com que carros usados sejam um tema polêmico. Nem todas as revendas gostam de trabalhar com esse segmento por acreditar que é um negócio problemático, perigoso e de gerenciamento difícil.

Quando a decisão está tomada, o primeiro passo é a concordância de todos os envolvidos. Acontece, por exemplo, de a gerência querer trabalhar com usados, mas a direção não, e assim a comercialização é dificultada. Ou o contrário. A direção quer, mas a estrutura de vendas não aceita, pois está dedicada à venda de carros novos e priorizando-a, criando uma situação em que o carro usado é apenas um meio para vender o novo e, à medida que isso acontece, transfere-se o prejuízo da comercialização do novo para o usado. Havendo consenso entre a direção do concessionário, a gerência e a equipe de vendas, todos os procedimentos comerciais da venda de usados precisam ser previamente definidos, os controles operacionais e todas as responsabilidades da operação claramente delimitados, extremamente rígidos e transparentes. Cada um desses aspectos influenciará o resultado final.

A segunda premissa fundamental é que o mercado de carros usados é muito dinâmico. Flutua rápido e constantemente. E é preciso estar "por dentro", conhecer todas as informações para realimentar e realinhar a política comercial. Em uma quinzena, por exemplo, mudam os modelos mais ou menos aceitos e procurados. Daí a necessidade de sempre sondar o mercado. Se a política criada não for modificada conforme os sinais de cada momento, o concessionário começa a receber quantidades maiores de veículos de baixa liquidez, que não serão vendidos na velocidade desejada, congelando o capital financeiro. Se todos os procedimentos, os controles, os dados de comportamento do mercado não estiverem fluindo com comentários e informações sobre o que já foi feito com o objetivo de avaliação, isto é, feedback constante, não será possível obter uma atuação lucrativa.

As duas proposições acima permitem concluir algumas verdades sobre carros usados. A primeira é que se trata de um negócio bom e lucrativo. Historicamente, os números demonstram que as margens comerciais, proporcionalmente ao preço, são melhores do que a do carro novo. Mas, para que isso esteja em conformidade, vale a primeira premissa: a revenda tem que ter uma estratégia, um foco claro, com definições objetivas do que fazer para que o bom negócio se concretize.

Outra conclusão, é que, para ganhar dinheiro nesse mercado, os profissionais que atuam no setor devem ser sérios, treinados e interessados no resultado. Diferente de outras áreas, o profissional de carro usado é uma pessoa que deve ter experiência nesse setor, já que o usado não tem preço referencial como o zero quilômetro. Há valores de preço de venda referencial das mais diversas fontes: *Jornal do Carro*, Molicar, Fipe, que pesquisam o preço de venda dos carros por modelo e por ano modelo. Porém, as tabelas não levam em conta "o estado" do carro. E essa expressão, "no estado", é o que confirma que um carro usado não possui um único referencial de preço. Cada carro é um, tem um valor próprio e é necessário um profissional que entenda essa "característica" e diga quanto vale. As tabelas não levam em conta quantos quilômetros o carro tem e essa é apenas uma das informações que influencia o preço a ser pago. Portanto, o preço parte de um parâmetro ditado pelo mercado, mas não considera a qualificação, "o valor individual", de cada carro. De onde se conclui que o referencial de valor do usado é elástico, enquanto do novo é inelástico. Essa pressuposição vale para quem vai avaliar e para quem vai comprar, que precisa ver as condições do carro. Entretanto, não adianta haver um profissional competente e conhecedor do ramo, se não houver disciplina e se os controles não forem rigorosos.

VERDADES QUE DEVEM SER CONHECIDAS

Viu-se que o mercado de seminovos é lucrativo se trabalhado de modo profissional, obedecendo a uma estratégia bem-definida, quanto a volume, rentabilidade, capital empatado, riscos de garantia e documentação. Que necessita de profissionais sérios, treinados e interessados nos resultados e, também, de gestores disciplinados e obedientes a procedimentos, normas que garantem a segurança da operação.

Outra verdade é que o mercado de carros usados é de grande volume. Em mercados desenvolvidos e maduros, como os Estados Unidos e a Comunidade Europeia essa relação fica sempre entre duas e três vezes o mercado de novos. No Brasil essa relação já representou mais de quatro vezes o mercado de zero quilômetro, mas também estabilizou na média de 2,5 e 3 vezes o mercado de novos. À medida que o segmento dos novos se eleva, essa relação tende a diminuir, mas dificilmente fica menor que 2,5 vezes o mercado de novos.

FOTOGRAFIA DO MERCADO DE USADOS

A participação das revendas nesse mercado, em 1995, era de 5%. Pequena, devido a questões tributárias e ao desinteresse de atuar nessa área. Em 2007, esse percentual chegou a 27%. O que possibilitou essa mudança de cenário foram alterações na política tributária ocorridas em 1998 e, depois, em 2002. Antes, as alíquotas de PIS e Cofins incidiam sobre o valor total de venda do veículo. Mas desde 1998, as contribuições de PIS (0,65%) e da Cofins (3%) passaram a incidir sobre a diferença entre o preço de alienação e o de compra dos referidos bens. Em 2002, a cobrança não cumulativa do PIS passou a incidir sobre o total das receitas auferidas pela pessoa jurídica com a alíquota de 1,65%.

Impostos incidindo sobre o valor total da venda inviabilizavam a comercialização. Aliado a esse fato, os concessionários começaram a perceber que esse segmento é importante na formação do lucro. O percentual de participação cresceu. Além das revendas com 27%, os dois outros *players* são os lojistas independentes, com 25% de participação, o que inclui as lojas de venda das locadoras de veículos, e o resto, a maior fatia do bolo, 48%, ainda está entre particulares. A tendência é que a troca entre particulares caia por motivos de segurança, de informação e de novos canais de venda, como a internet. A disputa por essa fatia será entre os concessionários e as lojas independentes. Sendo que os primeiros tendem a levar vantagem nessa competição.

Considerando que esse mercado representa, em média, 2,5 vezes o de novos, e aplicando a participação dos concessionários nesse volume (27%), o segmento de usados é praticamente do mesmo tamanho que o de novos. A base potencial de quantos carros usados um concessionário deveria vender seria de um para um. O mesmo volume de novos e usados. No entanto, essa relação, na média do mercado, é de dois para um, dois novos para um usado, significando um potencial de crescimento das revendas de 100%. Os distribuidores que trabalham bem o segmento obtêm uma relação de 1,2 usados para um novo. Isso é fundamental, pois se os concessionários conseguissem que suas despesas fossem absorvidas pelo pós-venda, e com uma contribuição importante de usados, essa empresa estaria imune às flutuações do mercado de carros novos. Na operação de usados e de serviços é que o concessionário pode exercer livremente seu papel de empresário e definir suas estratégias de comercialização.

CARACTERÍSTICAS DO CONSUMIDOR

O comprador do carro usado é, geralmente, de classe média e média baixa, e busca financiamento com prestações que cabem no bolso. Não discute cálculo de juros, pois só interessa a ele que a prestação mensal esteja de acordo com o seu poder aquisitivo. É um cliente que quer um produto que não lhe dê dor de cabeça, já que o carro é um instrumento de trabalho e de locomoção. E esse perfil será sempre atraente, hoje e no futuro, porque é aquele que permite financiar o veículo e contribui com as receitas do financiamento para o faturamento. É aquele cliente que busca qualidade de produto e de atendimento que os concessionários podem oferecer e, portanto, adaptar essa venda às necessidades do consumidor. Tem, enfim, todas as condições de transformar usados em um negócio promissor para a empresa.

Os independentes, que atuam fortemente nesse mercado, têm a credibilidade do boca a boca, do consumidor que comprou, foi bem atendido, não teve problemas e volta para fazer outro negócio quando precisa. A pergunta é: será que os concessionários não têm muito mais para oferecer? Além da credibilidade e da prestação de serviços, ainda dispõem da bandeira da montadora por trás da operação, que, por si, transmite a imagem de garantia.

OS DEZ MANDAMENTOS DOS USADOS

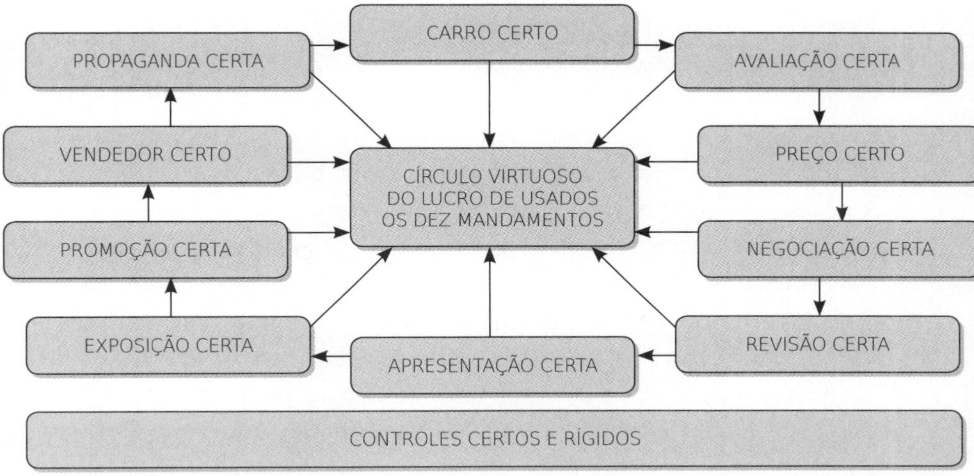

A área de veículos usados é uma engrenagem representada por um conjunto de atividades interligadas e, como tal, deve trabalhar de forma simultânea, permanente e sinérgica. Porém, o bom funcionamento dessa engrenagem dependerá do lubrificante, que são os controles gerenciais. Como em toda engrenagem, dez elementos entrosados movimentam o negócio. Para alcançar o melhor resultado possível na gestão de usados nenhum desses dez elementos pode faltar, sob pena de comprometer o resultado. Se o concessionário deseja negociar com carros usados há duas condições iniciais: olhar para os veículos usados como um negócio ou centro de lucros (o lucro de usados pode chegar a mais de um terço da receita total). E segundo: possuir *foco* para acompanhar, manter, gerenciar como fonte real de lucro. Sem foco e sem acreditar é melhor não trabalhar porque o prejuízo é certo.

O carro certo

Todo ponto comercial possui uma característica geográfica e socioeconômica que lhe confere um perfil de cliente e de consumo específico da região onde está localizado. Não há ponto de venda que atenda ao mesmo tempo todas as classes sociais, de A até D.

Assim, o concessionário não dispõe de clientes para 100% dos carros que recebe na troca, porque estes têm um perfil amplo e, muitas vezes, não serão absorvidos por aquele ponto comercial. Os estudos demonstram que, na média, a cada cem carros que entram, o distribuidor tem clientes para 65% ou 70%. Para os outros, 30% ou 35%, não.

Ao aceitar um carro na troca, o revendedor precisa saber discernir para quais veículos tem clientes. Se não souber, todos vão para o estoque e aqueles que não correspondem ao perfil ficarão lá por muito tempo.

A decisão de ficar ou não com um carro usado em estoque deve ser tomada no momento zero, isto é, na entrada do veículo, e considerando o perfil de carros procurados naquele ponto de venda. Os carros que não se encaixarem no perfil da revenda devem, de imediato, ser comercializados por meio de diferentes canais, tais como: lojas independentes através de leilão, leilão propriamente dito, feirões específicos, internet, etc. Nesses carros não deverá haver nenhum tipo de gasto, uma vez que esses recursos devem ser usados nos veículos que permanecerão em estoque por se encaixarem no perfil de procura do ponto comercial. Caso essa decisão não seja tomada no momento correto incidirão custos financeiros que comprometerão o giro e o lucro.

Outro fator importante na busca por uma boa atuação em usados é a compra. Independentemente dos carros que entram na troca, a compra deve sempre ser ativa para, ao menos, compensar a perda dos 35% de carros que não se encaixam no perfil de clientes.

A avaliação certa

A avaliação do usado é mais do que a simples precificação do carro, envolve três itens obrigatórios:

- O questionário preenchido pelo cliente, que busca diminuir a ansiedade e a expectativa dele em relação ao preço de seu usado.
- A avaliação técnica, que identifica e precifica de forma correta os reparos e seus respectivos custos.
- A planilha de precificação que, a partir do preço de venda e dos custos de reparo, determina o valor máximo de compra do veículo, garantindo a margem desejada.

Questionário de ajuste da expectativa

É estratégico, pois busca lidar com a expectativa do cliente, do quanto o cliente "acha" que o carro dele vale. Essa expectativa é fundamental, pois é uma das bases de discussão com o cliente e precisa ser dimensionada corretamente, sob pena de inviabilizar toda a negociação.

O grande erro é dizer ao cliente que o carro vale menos do que ele espera. O ideal é que o próprio cliente ajuste sua expectativa do verdadeiro valor, fazendo-o refletir sobre a real condição do carro. O instrumento para isso é um questionário elaborado previamente, que será respondido pelo consumidor e verificado pelo avaliador. Assim o cliente é convidado a se expressar e autoavaliar as condições do carro. O objetivo é harmonizar a avaliação, abrindo novas possibilidades de negociação. Ao mesmo tempo, deixar clara e transparente a política da revenda de só comercializar usados com origem, documentação em ordem e em boas condições e, dessa forma, poder proporcionar garantia e selo de qualidade.

A introdução do questionário informa ao cliente as bases que serão consideradas na avaliação, isto é, faz o cliente saber, de maneira educada, que a avaliação será feita por ele e conferida pelo avaliador. Deixa claro que veículos com problema de documentação ou fora de condições de uso normais não serão aceitos, mas que o objetivo final é poder fornecer a melhor avaliação.

Os dados do veículo

A necessidade de o cliente preencher de próprio punho as informações solicitadas busca, na prática, estimulá-lo a afirmar, por exemplo, a quilometragem que ultrapassa 100.000 km, o ano/modelo, ou outro dado que ele tem consciência de que é fator de redução do preço.

QUESTIONÁRIO DE BAIXA DE EXPECTATIVA

AVALIAÇÃO DE VEÍCULOS SEMINOVOS

Prezado cliente

Nossa empresa, sempre preocupada em proporcionar a seus clientes a melhor avaliação do carro usado, deseja, antes da verificação por parte do nosso técnico avaliador, conhecer um pouco mais o seu veículo.

Como o senhor sabe, nossa empresa só comercializa carros usados com garantia e selo de qualidade. Assim, a origem, a qualidade e a documentação, bem como o estado do veículo, são fatores importantes na avaliação.

Muito obrigado pelo carinho de sua atenção.

O questionário

São nove perguntas que induzem o cliente a dizer que seu carro não possui determinados valores importantes de qualidade na avaliação de um carro usado como, por exemplo, revisões feitas em concessionários autorizados ou o conserto de eventuais acidentes em oficinas particulares, que podem induzir ou constatar utilização de peças não originais. Esse questionário faz com que o cliente declare o fato de o veículo possuir manchas e rasgos, comuns nos carros usados, mas coisa que nunca é dita diretamente pelo cliente.

A avaliação dos pontos por classificação de qualidade

O quadro a seguir foi elaborado de modo a não permitir a classificação "bom". Há apenas um atributo positivo, na avaliação "ótimo" e dois negativos: "razoável" e "sofrível". Essa disposição obriga a duas repostas: a verdadeira e a falsa. A verdadeira, que as pesquisas demonstram ser a grande maioria, é a consolidação do objetivo do revendedor, que terá instrumentos para dizer ao cliente:

— O senhor(a) tem toda a razão! Seu carro no quesito X é "razoável".

A afirmação falsa é muito fácil de ser destruída, já que o cliente sabe que mentiu, e o avaliador o comprovará facilmente.

Placa		Ano/Modelo		Cor	
Chassis		km			
Marca		Modelo			

	SIM	NÃO
1) O senhor (a) é o primeiro proprietário do veículo?		
2) O senhor (a) é o único que dirige o veículo?		
3) Todas as revisões foram feitas em concessionários autorizados?		
4) O senhor (a) sofreu qualquer tipo de colisão em seu veículo?		
5) Em caso afirmativo, consertou em concessionário autorizado?		
6) Os estofamentos, tapete ou teto possuem manchas ou rasgos?		
7) A quilometragem é original?		
8) O veículo foi alguma vez recuperado de roubo?		
9) O seu veículo possui seguro?		

	ÓTIMO	RAZOÁVEL	SOFRÍVEL	AVALIADOR
Motor				
Câmbio				
Embreagem				
Sist. elétrico				
Freios				
Pneus				
Pintura				
Aspecto externo				
Estofamento				

Estudos apontam que apenas um número ínfimo de clientes (4%) não responde ao questionário e esses casos, em sua maioria, representam problemas reais. A maioria responde e diz a verdade sobre o carro. A autoavaliação do cliente é o primeiro instrumento de análise do carro.

A avaliação técnica

A avaliação técnica, como o próprio nome diz, deve ser feita por um técnico, um profissional não envolvido no processo de venda, preferencialmente, um mecânico com olho clínico para identificar os problemas e os custos que serão obrigatórios para deixar o veículo usado em condições ideais de comercialização.

Esse técnico deve, por meio de sua expertise, avaliar obedecendo a rígidos critérios estabelecidos pelo concessionário e verificar cada parte do veículo: motor, câmbio, suspensão, freios, nível de óleos, batidas, chassis, etc. Mais do que a simples verificação, o importante é quantificar o custo dos reparos necessários com muita precisão. Essa quantificação deve ser acompanhada, ao longo do processo, até a venda, e depois, durante o período de garantia para identificar a qualidade da avaliação técnica. Só o tempo poderá informar a real qualidade do avaliador técnico.

A planilha de precificação

O passo seguinte é elaborar a planilha de precificação ou avaliação. Pega-se o preço de venda referencial do mercado, tiram-se todos os valores compulsórios como impostos, comissões e reparos indicados pelo técnico, e aponta-se qual o lucro que se quer obter. Estabelecendo esses critérios chega-se ao preço correto de compra.

Como no exemplo a seguir:

PLANILHA DE PRECIFICAÇÃO		
Preço FIPE	15.000	
PIS Cofins ICMS	306	2,04%
Comissão	186	1,50%
Revisão	250	
Margem	1.500	10%
Preço antes reparos	12.758	
Custo financeiro	254	
Reparos	300	
Preço de compra	12.204	(18,6%)

Parametrizações

1 Buscar uma entrada média de usados entre 55% a 60% da venda de novos (Limites – 45% mínimo, 65% máximo).

2 Índices redutores do preço de venda na avaliação:

a) Veículos de baixo preço e alta liquidez: de 10% a 19%. A diferença do intervalo é dada pela condição do veículo.

b) Veículos de alto preço com liquidez: de 20% a 25%. O intervalo é dado pela condição do veículo.

c) Veículos com baixa liquidez: acima de 30% sem limite também dependendo da condição do veículo.

3 Os gastos com reparos e revisões padrão devem girar em torno de 2,5% do valor de custo do veículo.

O preço certo

O preço correto é decorrência da avaliação certa, que parte do preço referencial de venda e que possibilita vender o veículo sempre a preço de mercado, nem mais, nem menos. O carro deverá ter qualidade, estar revisado, assim, a imagem de marca da revenda, a bandeira de representação, a tradição, as garantias oferecidas serão ingredientes "adicionais" ao veículo usado que está sendo vendido. Esta realidade levará a um giro muito mais rápido.

A negociação certa

Negociação correta significa preservar no carro usado o lucro que é dele, isto é, comprar o carro usado pelo valor correto e real que garanta sua verdadeira margem de lucro. O problema ocorre quando, para vender o novo, o concessionário cede à pressão do cliente/vendedor que solicita uma avaliação mais alta no usado. O revendedor, em vez de dar desconto no preço do carro novo, paga o valor adicional no carro usado, e fica com um produto com valor acima do preço de mercado. Como tem um preço real de venda acima da média praticada, esse veículo ficará mais tempo no estoque e, como consequência, maiores serão os custos financeiros que incidem sobre o carro e mais lento será o giro, comprometendo os resultados.

A negociação correta é aquela em que o usado entra pelo preço real da planilha de compra e o eventual valor adicional dado no usado seja retirado da margem do novo, traduzindo a verdade da operação.

A revisão certa

Para deixar o automóvel em condições adequadas de qualidade é preciso fazer uma revisão correta, isto é, gastar o justo, fazer o que a concorrência faz, nem mais nem menos, para atingir o patamar médio de qualidade. É função do revendedor pesquisar permanentemente para saber quanto os concorrentes gastam na revisão; quais os serviços que devem ser feitos, mantendo os custos de revisão no mesmo parâmetro do mercado. Esses valores se alteram frequentemente, conforme as condições de mercado, porém os itens que serão revisados, o custo da mão de obra e das peças permanecerão estáveis. Ainda assim, acompanhar a concorrência é fator estratégico, pois sempre surgem novas tecnologias que ajudam a minimizar os gastos com peças e mão de obra, dois fatores que influenciam diretamente a composição de custos.

Gastando mais que a concorrência, ficará fora de mercado pelos custos adicionais gerados. Gastando menos, a qualidade do produto, quando comparada com a concorrência, fica aquém da desejada. Esse é um ajuste fino, mas, em geral, os custos representam cerca de 2,5% do valor de compra do veículo.

A equação ideal é ter um produto de qualidade fazendo só o essencial e, principalmente, nunca deixar de fazer todos os itens que são atributos reconhecidos pelos clientes: a pintura limpa e cristalizada, os bancos higienizados, o carro lavado e polido, os pneus brilhantes e em boas condições de uso, ajuste do freio de mão, troca de lâmpadas queimadas, ajuste de ponto do motor, freio e embreagem, xampu no limpador de para-brisa, etc. Não se pode querer "reinventar" a roda, mas deve-se sempre buscar o benchmarking de custos e conteúdo. Reparos superiores ao percentual indicado acabam por inviabilizar a margem desejada e, por vezes, tem custos maiores de garantia, pois retornam mais vezes para serviços.

Por fim, todas as marcas possuem uma lista de revisão obrigatória nos chamados usados certificados, que servem sempre como excelente ponto de referência.

A apresentação certa do produto

A apresentação certa é uma engrenagem fundamental na gestão do usado. A aparência é o item mais importante na avaliação pelo cliente do carro seminovo ou usado. As pesquisas mostram que a aparência corresponde a 41,5% da decisão de compra. Se não houver preocupação com a apresentação e com a aparência do veículo, quase metade da possibilidade de venda está perdida.

Os tópicos mais relevantes para o consumidor ao analisar um usado são:

- Aparência do veículo
- Garantia
- Condição mecânica
- Origem e documentação
- Pneus em bom estado
- Baixa quilometragem

Todos os elementos que o cliente reconhece como valor fundamental devem estar na apresentação do produto. A revisão também deve ser concentrada em itens reconhecidos pelos clientes, como visto anteriormente: freio de mão, ponto do motor, limpeza interna e externa, lâmpadas funcionando, freio regulado, filtros trocados, estepe em ordem, xampu na água do limpador de para-brisa, etc.

A exposição certa

A exposição correta também é fundamental. Os estudos mostram que o grande problema enfrentado pelo consumidor de seminovos nas revendas é se sentir menosprezado nesse ambiente, seja pelo vendedor, pelo próprio ambiente ou pela forma como o carro está colocado no pátio. O consumidor desse produto não se sente prestigiado como o comprador de um carro novo. À medida que se dá ao comprador do usado o mesmo status demonstrado por um local adequado, bonito, padronizado, bem apresentado, os carros limpos constantemente, esses elementos vão ao encontro das maiores expectativas desse cliente, e o resultado é melhor. A tendência é que a exposição de carros usados, ao relento, deixe de existir (até porque o uso de lugares abertos obriga o constante trabalho de limpeza e manutenção dos veículos) para dar lugar a um ponto de exposição de usados, e esse ponto será quase tão bem trabalhado quanto o showroom de novos, com a mesma condição de demonstração.

A promoção certa

O carro usado, da mesma forma que o novo, precisa ter critérios de promoção.

- A promoção não pode durar mais que cinco dias.
- O vendedor não deve conhecer o critério para o veículo entrar em promoção, pois se conhece pode manipulá-lo tornando o giro ainda mais lento.
- Para ser uma promoção, os clientes precisam entender claramente que é uma vantagem, seja de preço, prazo, taxa, presente etc. É a promoção que atrai o cliente e não o contrário, o cliente procurando a promoção.
- Outro fator de sucesso é estabelecer ganhos diferentes e adicionais ao vendedor, caso contrário a promoção não receberá, por parte do vendedor, a prioridade devida.

O vendedor certo

A equipe de vendas ideal é aquela dedicada apenas aos seminovos? Ou a equipe ideal atua nas duas áreas, novos e usados? Essa decisão envolve uma série de pré-requisitos, como o volume de vendas de usados, o layout da loja, a estratégia de marketing, entre outros. Não é uma opção simples e deve ser analisada à luz de diferentes e importantes parâmetros, que determinarão a necessidade de a equipe ser exclusiva ou não.

Apenas uma coisa é irrefutável e certa: o vendedor de usado tem um perfil específico. Se a revenda optar por uma equipe única, aquele com perfil de usado venderá mais destes do que dos novos, porque ele tem a linguagem do comprador e conhece o carro usado mais que o novo. O concessionário precisa conhecer o perfil de seus vendedores e explorar essa especificidade, esse potencial, sem esquecer que, atualmente, o bom vendedor de usado precisa ser um excelente vendedor de produtos financeiros e acessórios. Ele precisa facilitar a vida do cliente, demonstrar as diferenças daquele carro, que é único, e fazer o cliente sonhar com o carro do jeito que ele é.

O vendedor precisa conhecer técnicas de vendas antigas e novas que conduzam ao fechamento com facilidade. Exemplo de uma antiga técnica chamada de "sapatinho", usada em loja de sapatos, leva o cliente a comparar o novo com o usado, em detalhes de um, que o outro não tem. Ou ainda a técnica da atratividade, quando o cliente procura por um carro pelo preço, deve-se mostrar os mais baratos primeiro e depois o mais caro, destacando as diferenças para que ele entenda a real diferença e o motivo do preço diferenciado, enfatizando que as vantagens podem facilmente ser viáveis para o seu bolso.

A propaganda certa

Medir resposta de mídia é básico, mas o concessionário não faz isso. Ele investe em vários meios de comunicação, mas não sabe qual dá uma resposta positiva, de maior retorno. E nesse segmento os canais estão se diferenciando e se segmentando.

A internet já demonstra ser um importante instrumento de mídia, com resultados representativos como canal de vendas. Os celulares também se mostram como uma interessante solução e forma de interagir e atingir o cliente. Os novos canais de venda e mídia devem ser explorados, desde que o distribuidor constate que trazem retorno. A certeza só virá pesquisando, investindo e medindo as respostas dos investimentos.

A experiência dos canais de televisão especializados em usados comprova que os clientes se interessam em conhecer alternativas de compra de forma ágil e objetiva, são sensíveis a ofertas, principalmente, quando a mensagem é clara. Revistas especializadas são mídias alternativas, do mesmo modo que folhetos distribuídos em pontos estratégicos dentro da área de influência do concessionário, campanhas de outdoor dirigidas e em locais estratégicos. Até o jornal continua representando um importante canal de comunicação com o consumidor. A prospecção de clientes pelo CRM e pelo telemarketing, o uso da base de dados dos clientes antigos, campanhas inteligentes de indicação de amigos, e-mail de marketing, torpedos em celular, uso da oficina como meio de procura de clientes, fornecedores, parentes, amigos, frotistas, enfim, todos os meios devem ser explorados de forma profissional e intensa. Sempre dependendo do retorno de cada canal.

Os empresários brasileiros não gostam de inovações de risco desconhecido, mas existem estratégias como o chamado money back — a devolução da compra em 36 horas se o cliente não estiver contente — de experiências comprovadas no Brasil, que funcionam muito bem! Desde que com produtos de qualidade e procedimentos corretos.

CONTROLES RÍGIDOS E CORRETOS

Conferir se o que foi avaliado é o que é recebido

Primeiro item a controlar é a entrega do carro. Nem sempre o carro recebido é o que foi comprado. Entre a avaliação e a entrega efetiva, o cliente/vendedor pode trocar uma série de opcionais que foram avaliados e que representavam valor, o som automotivo, os pneus, etc. É comum a troca desses opcionais por outros mais velhos ou em estado pior. É preciso conferir se o que se está recebendo é exatamente o que foi comprado. Resgatar a avaliação para verificar a condição do veículo, os opcionais, acessórios, pneus, pintura e manchas ou rasgos internos, CD/DVD, alarme, etc., e até fotografar isso para comparar depois.

Controle rigoroso da documentação, impostos e multas

O segundo item é a documentação, que segue uma rotina obrigatória e que deve ser obedecida com rigor para evitar prejuízos futuros com multas de trânsito não pagas, IPVA não recolhido, etc. Recomenda-se utilizar um termo de compromisso/contrato em que o vendedor/cliente assume a responsabilidade por esses itens. Se isso não acontecer, de novo, contratou-se prejuízo no automóvel.

Controle do giro de estoque

O resultado real do negócio de usados está nos controles rígidos do giro de estoque. O giro de estoque dos autos usados deve ser de, no máximo, 28 dias. Mais tempo acarretará perdas maiores do que as verificadas com o estoque de longo período de novos, pois os custos financeiros são superiores. O giro ocorre em função do mix de produto, mix de preço e, principalmente, de disponibilidade de estoque. Controlar os dias de estocagem é estratégico na composição do resultado. Reforçando: a seleção no momento zero do que deve ficar no estoque e do que deve imediatamente ser comercializado é vital para o sucesso da operação.

Auditoria de estoque

Outro tipo de avaliação que deve ser feito constantemente no estoque é a verificação para evitar ocorrências dentro da revenda, como furto de CD/DVD ou troca de estepe, que podem acontecer depois que o carro entrou, prejudicando a qualidade do veículo adquirido.

Auditoria operacional: buscando eventuais desvios

A auditoria operacional é fundamental para acompanhar e, principalmente, deixar claro aos responsáveis pela operação que há um controle rigoroso e detalhado dos processos, que visa identificar desvios de financiamentos, seguros, licenciamentos, venda de acessórios, carros usados recebidos na troca, cobrança indevida de despesas, etc.

Feedback das avaliações feitas

Somente o controle do pagamento das despesas em garantia indicará a ocorrência de avaliações equivocadas, assim como o pagamento de multas ou impostos também geram perdas por falta de controle de documentação. Só o acompanhamento rígido e diário, obrigando o cumprimento permanente dos procedimentos, garantirá o resultado projetado.

Elegendo responsáveis

Política de carro usado pressupõe eleger responsáveis para acompanhar todas as etapas estratégicas do negócio: um responsável pela avaliação e seus procedimentos; pela revisão e seus procedimentos; exposição dos veículos e seus procedimentos, entrega do veículo e seus procedimentos; recebimento e acompanhamento da documentação e seus procedimentos; venda a lojista na forma de leilão em carta fechada e seus procedimentos. E por fim, feedback dos controles para saber se está funcionando.

Informações da vida do veículo

A tendência demonstrada no mercado é de aprimoramento das informações da história do veículo, através do chassis ou da placa, de forma a criar um completo prontuário sobre a vida do veículo — serviços feitos, acidentes, roubo, *recalls* que atendeu, multas, impostos, etc. No Brasil, o movimento do mercado é criar várias certificações que atestem que o carro não foi recuperado de roubo ou de enchentes, que o carro não sofreu colisão e, também, certificações sobre a qualidade técnica, que facilitarão e economizarão tempo, dando maior precisão e segurança ao concessionário.

Conclusão: sendo profissional e tendo foco, o carro usado é importante e faz a diferença no negócio dos concessionários.

4

GERENCIANDO PEÇAS

Poucos concessionários gostam, outros nem conhecem a área de peças, vista como muito técnica e de difícil gerenciamento. Por terem perfil comercial voltado para automóveis, os revendedores tendem a delegar a administração dessa área para profissionais com experiência e crescimento profissional específico no setor, como balconistas ou estoquistas. Ao confiar a outros a tarefa de gerir a área de peças, o revendedor que teria formação educacional compatível para conhecer as técnicas de gestão não as usa, e quem administra tem prática dirigida ao negócio, mas não tem conhecimento de administração técnica. Situação que cria um hiato, já que quem gerencia essa área tem duas importantes responsabilidades: compra e venda.

O bom gerente de peças não é o que sabe de cor o número dos itens, mas aquele com técnica para comprar certo e estabelecer ações corretas de venda. O descompasso entre conhecimento e prática (situação mais comum no mercado) gera consequências como capital congelado e alto índice de peças obsoletas (entre 30% e 40% do estoque parado, sem giro). Estoque sem giro significa que o valor correspondente está fora do caixa, alocado num estoque que não se movimenta, prejudicando o capital do concessionário.

CURVAS ABC E XYZ OU 123

A gestão correta de comprar e vender implica conhecer os elementos que deverão estar presentes em todas as decisões de compra, de venda e de análise de estoque. O primeiro passo é definir a curva ABC. Trata-se de uma relação de estoque que começa pelos itens mais importantes e decresce para o menos importante em relação a faturamento. Ou seja, no topo da lista devem estar as peças que representam maior faturamento, decrescendo até as peças que representam menor faturamento. Por exemplo, na curva ABC, aparecerá em primeiro lugar a venda de um único motor, comercializado a 6.000 reais — é representativo em dinheiro, mas não em quantidade — e, em último lugar da lista, aparecerão os parafusos, que vendem 10.000 unidades e que representam 100 reais. É um ranking de peças, ordenadas por ordem de importância no faturamento.

A segunda curva é a XYZ, também chamada 123. É o mesmo ranking só que por quantidade de itens. A lista é encabeçada pelas peças que vendem maior quantidade de itens e vai até as peças que representam a menor venda por quantidade de itens. Usando o mesmo exemplo, no novo ranking seria o inverso, em primeiro lugar os parafusos que vendem 10.000 e o motor estaria em último, pois vende uma unidade.

O CRUZAMENTO DAS CURVAS: ESSÊNCIA DO ESTOQUE

A área de peças administra um volume grande e variado de itens. Fala-se em até 15.000 peças ou mais diferentes, em média, por marca, se consideradas as montadoras tradicionais. As mais novas, as *newcomers*, têm um volume menor. Nem todas as peças vendem, as que mais saem diminuem esse volume para algo em torno de 4.000 a 5.000 itens. Se as curvas ABC e XYZ fossem combinadas usando como critério os itens que representam até 85% do faturamento em dinheiro e até 85% do faturamento em itens, a situação seria a ilustrada no gráfico da página seguinte:

Cruzando as curvas, obtêm-se os itens mais comuns nas duas. Itens que, na realidade, são os mais importantes e representativos no faturamento em dinheiro e em quantidade. Considerando o que é importante em dinheiro e em itens, o volume por marca se reduz a quinhentas peças que devem ser administradas, na prática. O ideal é ter um sistema de gerenciamento de estoque que

CRUZAMENTO ABC E XYZ

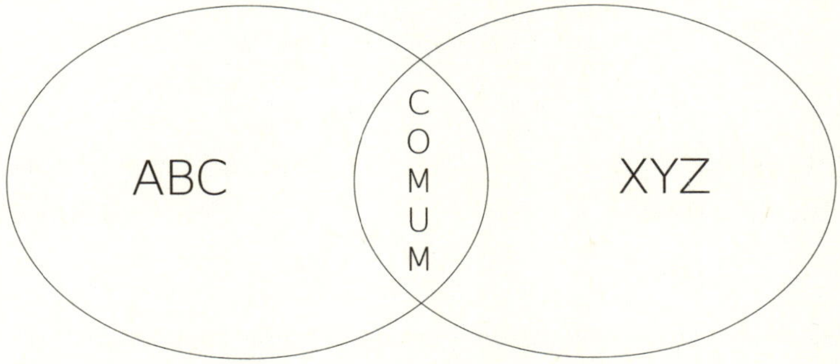

EM TODAS AS MARCAS OS ITENS COMUNS REPRESENTAM ENTRE
470 E 520 ITENS
NA MÉDIA, FALAMOS SEMPRE DOS 500 ITENS MAIS IMPORTANTES

concentra a administração permanente e adequada dos quinhentos itens que representam 85% do faturamento do segmento na empresa. Os itens restantes podem ser administrados pelos programas de informática, pois passariam a fazer parte de um sistema de reposição de peças e eliminação de obsoletos. Trata-se de uma gestão simples, mas técnica.

O giro médio das redes, na atualidade, é de quatro ou três giros por ano, ou seja, o estoque se movimenta a cada três meses ou quatro vezes por ano. O ideal seria atingir oito giros/ano. Se o ideal é oito, mas no dia a dia gira quatro, percebe-se por que 50% dos estoques estão sobrando. Apenas 20% das revendas trabalham bem, com desempenho excelente de sete ou oito giros/ano. Mais de 80% dos distribuidores necessitam de correção de rumo, pois trabalham com quatro a cinco giros/ano.

O SISTEMA DE GERENCIAMENTO

O desafio é elevar de quatro para oito giros. Para isso é necessário trabalhar em duas vertentes: uma gerência comercial técnica e uma gerência de estoque igualmente técnica.

O QUE FAZER DIANTE DESSE CENÁRIO

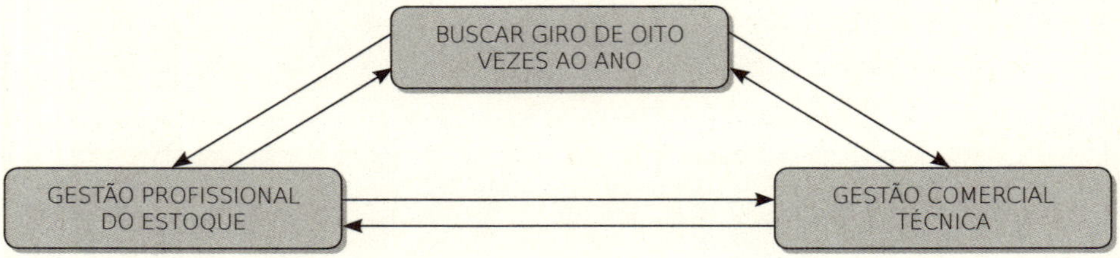

A gestão técnica do estoque pressupõe saber usar as curvas ABC e 123 e, a partir das curvas, criar nove famílias de peças classificadas por importância de faturamento e de giro.

GESTÃO TÉCNICA DE ESTOQUE

Criar uma classificação ABC de demanda: A, B, C
Criar uma classificação ABC de preços: 1, 2, 3
Cruzando os dados obtêm-se as nove famílias dentro do estoque.

A1	A2	A3
B1	B2	B3
C1	C2	C3

A família A1 reúne as peças mais importantes sob o ponto de vista financeiro e de itens. Na A2 estão as peças mais importantes em dinheiro e mediamente importante em itens.

Na A3 estão as mais importantes em dinheiro e menos importantes em itens.

Na B1 estão as peças com relevância média em dinheiro e alta em itens.

Na B2, média importância em dinheiro e média importância em itens.

B3, média relevância em dinheiro e baixa em itens.

C1 reúne peças com baixa importância em dinheiro e alta em itens.

C2, baixa em dinheiro e média em itens.

C3, baixa importância em dinheiro e baixa em itens.

Classificadas pelo que representam, é necessário estabelecer três estratégias para cuidar das três subfamílias que resultaram das nove iniciais. A primeira família é representada pelo alto em dinheiro e alto em itens (A1); pelo alto em dinheiro, médio em itens (A2); médio em dinheiro, alto em itens (B1); médio em dinheiro, médio em itens (B2). Que são as que mais giram, portanto, o estoque deve comportar o tempo logístico de entrega mais curto pela disponibilidade na montadora. Se o tempo médio de entrega for três dias, o estoque deve ter peças suficientes para atender três dias mais um índice de cobertura de segurança. Logo, as peças mais relevantes são estocadas pelo menor tempo possível informado pela logística da montadora.

A segunda família é a A3 (muito importante em dinheiro, baixa em itens) e a B3 (mediamente importante em dinheiro, baixa em itens) e como tem importância baixa em itens e o que se procura é maximizar o faturamento, a cobertura de estoque deve ser compatível com o tempo de logística, entre quinze a vinte dias de estoque por mês. Pesa financeiramente, mas é obrigatório ter, mesmo sendo itens de giro mais lento.

A terceira subfamília é o baixo giro: baixo em faturamento, alto em itens (C1); baixo em faturamento e médio em itens (C2); baixo em faturamento, baixo em itens (C3). Também conhecido como estoque de uma unidade, pois não representam quase nada no faturamento, mas também não comprometem financeiramente. São repostas à medida que vendem.

Em resumo: classificar e dividir o estoque em três subfamílias de acordo com a relevância no faturamento e no giro de estoque.

Muito importante no faturamento = estoque pelo menor prazo possível.

Mediamente importante = estoque compatível com a logística, mas curto.

Sem peso financeiro = vende 1 compra 1, para não correr o risco de faltar.

A primeira família representa 9% dos itens do estoque, gira trinta vezes por ano, no giro ideal de oito vezes tem peso de 2,7 giros. A segunda família representa 21% do estoque de itens, gira catorze vezes por ano e contribui com 2,94 giros. E aquelas que são "micos", representam 70% do estoque, giram só quatro vezes/ano e contribuem com 2,8 giros. Com isso se atinge o total de 8,44 giros/ano.

Se a gerência de peças não sabe classificar, não sabe dividir em família, não sabe fazer o pedido com o tempo logístico, não atinge o patamar ideal de oito giros de estoque/ano, pois compra errado e vende errado.

COMO O ESTOQUE DEVERÁ FICAR

FAMÍLIA	PARTICIPAÇÃO NO ESTOQUE	GIRO x AA	GIRO PONDERADO (PARTICIPAÇÃO x GIRO)
A1 A2 B1 B2	9%	30	2,7
A3 B3	21%	14	2,94
C1 C2 C3	70%	4	2,8
TOTAL	100%		8,44

Esse é o estoque sob medida, que se busca na gestão técnica. E cada revenda é diferente, justamente pela localização e perfil do entorno. Não há como generalizar, cada revenda deve conhecer quais peças pertencem a qual subgrupo, mas sendo sob medida (também denominado taylor made) tem-se uma boa diversificação de estoque, com baixo investimento, priorizando o giro.

OS PEDIDOS À FÁBRICA: NORMAIS, EMERGÊNCIA E DOTAÇÕES INICIAIS

Busca-se a maximização de giro e é preciso lembrar que as montadoras estabelecem metas que precisam ser cumpridas, sob risco de punição ou não recebimento de bônus. Não é possível traçar uma estratégia totalmente independente das obrigações contratuais. É preciso compreender essas obrigações colocadas na atribuição de peças do plano de ação anual, e identificar se o que é atribuído é ou não compatível com o potencial de venda do ponto comercial.

As compras de emergência devem representar no máximo 5% das compras anuais, uma vez que as condições de custo e pagamento são diferentes. Esse percentual é um parâmetro que permite identificar se o estoque está adequado ao giro. Um percentual mais elevado indica que algo não está funcionando.

Outro ponto fundamental é estabelecer uma política contra obsoletos e baixo giro. Para as que giram pouco, é preciso criar ações comerciais de venda, seja descontos, seja campanhas promocionais, promoção de pacote na oficina, etc. As obsoletas ou que não giram são as que não têm procura há mais de um ano. Elas requerem um trabalho comercial diferente, pois não há ninguém procurando, e é o revendedor quem deve ir atrás do cliente que trabalha com peças, em tese, obsoletas ou que estejam em mercados mais distantes e com perfil diverso do seu, acrescentando à procura uma política comercial agressiva de venda. Não encontrando cliente é preferível "escrapear" a peça (do inglês *scrap* ou descartar, destruir) para liberar espaço físico no estoque, ou até utilizar-se de leilões.

As montadoras, em geral, mantêm políticas de recompra que são revistas periodicamente. Algumas montadoras disponibilizam o direito, a cada ano, de devolver um percentual, por exemplo, de 5% do volume comprado durante o ano.

Um dado importante para melhorar o pedido de compra é controlar as vendas perdidas, que informam se há erro na classificação feita. É um ciclo dinâmico, que precisa ser ajustado permanentemente.

OS CLIENTES DA ÁREA DE PEÇAS: VOLUMES E MARGENS

Qual mercado, dos três possíveis, deve ser explorado? Qual é o mais conveniente?

A venda na oficina própria

A oficina própria contribui com a maior margem em peças, muito acima do balcão. É uma estratégia que precisa de volume de passagem na oficina, não é possível executá-la se a oficina for nova. A margem bruta é de 32% nas marcas de produção nacional.

A venda no balcão

Ter uma participação importante de varejo ou balcão pressupõe estar localizado em uma região com muitas oficinas mecânicas no entorno, lojas de peças, etc. Pequenos clientes que não estocam e compram, para serviços imediatos, peças com o mesmo perfil das utilizadas na oficina própria, logo, não é possível perder venda por falta de peças. É possível ter uma política comercial agressiva para explorar esse mercado. No balcão a margem média é de 25% da margem bruta nas marcas de produção nacional.

A venda no atacado

No atacado, os clientes são distribuidores e lojas de peças, oficinas de grandes frotistas. Compram, na maioria, peças cativas ou de baixo e médio giro, aquelas que os concessionários devem manter estoque menor. O risco de crédito é grande, mas passível de ser gerenciado com uma margem mínima adequada, o que leva esse segmento a ser considerado uma alternativa comercial viável. Primeiramente, o revendedor precisa definir o mercado em que atua. Depois, deve cadastrar os clientes na região, avaliando o crédito e, por fim, ter uma equipe de telemarketing que ative diariamente esses contatos. É necessário um critério de promoções diárias agressivas para movimentar esse mercado. A margem bruta é de 15% nas marcas de produção nacional.

É bom lembrar que na área de peças não há invasão de zona. O concessionário pode criar equipes de vendas externas para contatar esses clientes potenciais, onde quer que estejam.

Seja no balcão, seja na oficina ou no atacado, as margens médias são muito diferentes. De acordo com o posicionamento da política comercial, o desvio padrão da margem é enorme. Se o foco for na oficina própria, as margens são alavancadas. Concentradas no balcão, mantêm um equilíbrio de margem. E no atacado, a margem é depreciada. A margem ideal é um somatório e uma divisão inteligente das três áreas. Não há fórmulas, pois cada mercado é um. Os pequenos concessionários, que precisam girar rápido o estoque e têm restrição de capital, deveriam focar a atuação na oficina e no balcão, e não trabalhar o atacado que, além de ter margem baixa, necessita mais capital de estoque e aumenta o risco de crédito. Os concessionários médios, com porte de estoque maior, deveriam concentrar também na oficina e no balcão, mas permite o trabalho com uma fatia um pouco maior de atacado, já que há mais fôlego financeiro. Mas o atacado nunca deve ser preponderante para os concessionários médios, sempre será um adicional marginal. Já o concessionário grande pode ter no atacado um setor estratégico para desovar o estoque. À medida que altera o percentual de cada setor, muda-se a margem bruta média final, que pode variar de 30% a 19%.

Há novos canais de venda como a internet, bolsões de peças nas associações de marca formando um estoque único informatizado. Ações ainda incipientes, mas que tendem a ganhar maior relevância no futuro devem ser exploradas. Há outras oportunidades, em nichos de mercado com colecionadores de carros antigos ou restauradores e profissionais de "customização" ou *tunning* de veículos.

O PROCESSO DE GARANTIA

O que é preciso saber sobre as peças aplicadas em garantia?

Peças em garantia são substituídas pela montadora e precisam ter um controle adequado. As peças em garantia, assim como os serviços em garantia, tendem a crescer à medida que as montadoras ampliem os períodos de garantia para três ou cinco anos. É bom lembrar que a garantia de um veículo está embutida no preço final do carro.

As grandes perdas originadas nesse setor advêm da má administração dos conceitos de garantia, isto é, o que é ou não coberto pela fábrica, via de regra, gerando devolução, o que significa uma importante perda real, pois o cliente já foi atendido, já levou seu carro e os valores não poderão ser recuperados a não ser pela reconsideração da fábrica.

A IMPORTÂNCIA DO GIRO DO ESTOQUE

O lucro do departamento de peças está basicamente no giro do estoque, porém inúmeros fatores influenciam o giro e precisam ser conhecidos e administrados profissionalmente.

Vejamos os conceitos que devem ser entendidos:

Qual a quantidade de estoque desejada e correta?

A quantidade ideal de estoque será definida em função do giro, sempre buscando um giro de oito vezes por ano.

Como tratar itens obsoletos e de baixo giro?

A diferença entre obsoletos e de baixo giro é que as peças obsoletas não giram e as outras giram pouco. A existência da peça de baixo giro é importante para atender a oficina do concessionário e precisa estar disponível quando o cliente aparece. A semelhança é que ambas contaminam o estoque e precisam de tratamento adequado, de preferência, coordenando as duas áreas, peças e serviços, através da criação de pacotes de oficina que incluam peças de baixo giro, e em promoções e até leilões de peças obsoletas em lote.

O que é estoque privilegiado e o que é preciso saber sobre compras de emergência?

O principal cliente da área de peças é a oficina da própria revenda. É preciso alocar estoque para atendê-la, pois a margem de venda é atraente e possui um perfil de consumo bem conhecido e de alto giro. Privilegiando o estoque, garante-se que não faltarão peças para a oficina e, principalmente, os veículos não ficam parados, implicando custos altíssimos de estacionamento e perda de faturamento. A falta de peças é ruim *per si*, pela não venda do item, e é punitiva, pois o revendedor precisará recorrer à compra de emergência para suprir sua necessidade e não conseguirá comprar com o mesmo custo e com as mesmas condições de pagamento, terá menos descontos, pagará em prazos mais curtos ou à vista, com um impacto significativo nos custos e comprometendo o resultado da oficina. Daí a importância de conhecer os conceitos, divergências, impropriedades que podem ocorrer nas compras de emergência.

O índice de fidelidade e suas implicações

É fato que a área de peças é uma fonte de lucro relevante para as montadoras. Por isso, todas as marcas têm um mecanismo de vinculação ou índice de fidelidade, isto é, um percentual do volume comprado anualmente que obrigatoriamente tem que ser adquirido na montadora. Isso restringe o concessionário de comprar no mercado paralelo, onde esse produto seria adquirido a preços muito mais competitivos.

O índice de fidelidade é uma maneira de fazer com que as revendas comprem direto das montadoras e não dos fornecedores de OEM (*Original Equipment Manufacturers*) ou de seus canais de distribuição. Não proíbe, mas coíbe as compras no aftermarket sob pena de o distribuidor perder vantagens comerciais, bônus de comercialização, descontos, etc.

A prática é controversa e tema de discussões eternas no setor automotivo. Ao negociarem com seus fornecedores de equipamento original, as montadoras contratam componentes que alimentam as linhas de montagem e os de reposição. Os preços das peças para a linha de montagem é definido seguindo parâmetros globais de custo e qualidade, independente das realidades de cada mercado, é o chamado global sourcing. Obrigados a seguirem esses padrões, os fabricantes de OEM praticam dois preços: um para a produção e outro para a reposição. Sendo que estes acabam subsidiando o baixo custo das peças de linha. Com essa política, as montadoras compram a preço competitivo e absorvem fatias significativas da margem de lucro das peças, por outro lado, encarecem o produto para as revendas e contribuem para manter a imagem que os consumidores têm de que os serviços e peças nas revendas autorizadas são muito onerosos. Em 2007, uma pesquisa do Gipa, órgão internacional que realiza estudos de mercado no pós-venda em vários países para conhecer os hábitos dos motoristas em relação a reparos e manutenção dos veículos, mostra que no primeiro ano de vida, 78,9% dos veículos vão aos concessionários para receber cuidados. No segundo ano, esse percentual decresce para 49,2% e no terceiro, após término de garantia, cai para 18,3% e o veículo passa a ser levado em oficinas independentes para reparo e manutenção. Contribui para isso o fato de que, no terceiro ano de vida, quase 50% dos veículos mudam de dono. Nesse período o preço do veículo se deprecia e, ainda segundo a pesquisa do Gipa, 67,5% dos proprietários de veículos de menor valor (entre 15.000 reais a 17.999 reais) frequentam oficinas mecânicas independentes, enquanto 54,5% dos proprietários de veículos que valem 30.000 reais ou mais, preferem os concessionários autorizados.

Desde 2003, as montadoras têm criado pacotes de peças para tornar as revendas mais competitivas e tentar mudar a imagem de careiras na mente do consumidor. Nesses pacotes, a margem é reduzida para criar produtos mais competitivos sem perder a vinculação da fidelidade.

O que é preciso saber sobre pedidos iniciais?

Pedidos iniciais são os mais difíceis de gerenciar, pois são atribuídos pelas montadoras como estoque inicial para atender a um modelo recém-lançado, e nem sempre é entregue à revenda obedecendo aos critérios de giro. Isso terá que ser equalizado ao longo do tempo nos pedidos regulares.

Qual a periodicidade ideal de pedidos?

A resposta para a questão da frequência de pedidos depende das características de cada peça e da logística da montadora, e tem de ser alterada caso a caso. Viu-se que o concessionário trabalha com três públicos-alvo na área de peças, o cliente preferencial é a própria oficina. O segundo público são as vendas de balcão ou varejo de pequenos valores e, o terceiro cliente é o atacado, com vendas de maior volume. Cada um desses públicos tem suas próprias características. A oficina, pela sua frequência, atende as revisões padrão previamente estabelecidas no manual do proprietário na quilometragem indicada para cada modelo, e compra sempre as mesmas peças. Conhecendo com antecedência quantos carros, na média, procurarão o serviço, sabe-se as peças necessárias, de maior consumo. A gestão de peça para oficina é relativamente simples, mas tem que ser rigorosa e técnica para manter exatamente aquelas peças de giro alocadas para a oficina.

No balcão, as vendas são influenciadas por fatores geográficos e pela quantidade de oficinas mecânicas no entorno. Quem compra no balcão, em sua maioria, são as pequenas oficinas que não têm recursos para estocar peças e consome conforme a demanda. O perfil de consumo dessas oficinas mecânicas, por sua vez, não é necessariamente o mesmo da oficina própria, pois é multimarca, atende carros com uma faixa etária mais elevada, etc. Para atender a esse pequeno mecânico, o concessionário precisa ter preços competitivos.

As vendas de atacado são de outro tipo: buscam preço baixo e o concessionário só possui preço competitivo nas chamadas peças cativas, aquelas que são produzidas exclusivamente pelas montadoras, que não têm produção independente, por exemplo, as peças de funilaria (peças estampadas). É um universo de grande quantidade, margem reduzida e risco de crédito importante. Os critérios de gerenciamento do estoque, de giro e risco são diferenciados.

A questão da logística

O principal elemento de peso do cálculo da quantidade de estoque é a logística. O tempo de entrega da peça pela montadora na revenda é o que norteará a quantidade de peças pedidas. Se o tempo for curto, menor a quantidade de determinadas peças. Se o tempo de logística for longo, maior a quantidade de peças para suprir o tempo de logística. Idem a maior necessidade de espaço físico de armazenagem de estoque e, consequentemente, economia em grandes áreas que se obtém com tempos curtos de entrega, possibilitando trocar uma área improdutiva, a área de estocagem, por outra produtiva, como áreas maiores para oficina.

Qual o mercado potencial?

Há dificuldades por parte dos concessionários e das montadoras em quantificar esse mercado potencial. Com o advento das informações sobre licenciamento de veículos realizado pelo Departamento Nacional de Trânsito (Denatram), com dados e informações precisas, o cálculo do potencial do mercado de veículos zero quilômetro ficou claro e transparente, mas na área de peças ainda não há estatísticas confiáveis. Conhece-se o parque circulante total e em cada região, mas o desafio é aprimorar o índice de peça por veículo e sobre os números do parque circulante aplicar um valor médio do consumo de peças de cada carro circulante, em cada região. Atualmente, não há estatísticas precisas e transparentes que atestem que os índices colocados traduzem a realidade. A dificuldade está em quantificar o verdadeiro potencial de peças para determinar a quantidade de peças em potencial para venda em um ano. Esses números tendem a se qualificar e, aí sim, determinar o tamanho do mercado de peças.

Por intermédio do Sindicato Nacional da Indústria de Componentes para Veículos Automotores (Sindipeças) sabe-se o que o mercado de reposição representou para a indústria de autopeças em faturamento. Os valores que o aftermarket independente (fabricantes de autopeças, distribuidores, varejo e reparadores) movimenta são conhecidos, mas é só.

Com exatidão sabe-se que o departamento de peças tem participação importante na composição do lucro bruto do concessionário. Participação que não pode ser desprezada, pois um dos fatores para a saúde financeira das revendas são as receitas oriundas do pós-venda (peças e serviços), absorvendo os custos da organização, isto é, 100% das despesas administrativas do concessionário. Esses 100% de absorção de serviços liberariam toda a lucratividade obtida na venda de veículos usados e novos para aplicar no capital de giro. Há variáveis diversas para atingir esse desempenho. Há vetores que trabalham contra ou a favor desse objetivo como, por exemplo, o tempo de vida da revenda. Se ela for nova, o parque circulante dela é novo e, dificilmente, terá volume de peças e serviços para atingir um alto grau de absorção. Se a revenda é antiga, consolidada em determinado ponto comercial, o parque circulante é grande e ela tem condições para atingir um grau alto de absorção de serviços e peças. Não é apenas a existência do cliente que pesa nesse grau de absorção, outros fatores são: a eficiência da oficina e dos profissionais produtivos, o giro do estoque de horas do mecânico, do investimento em equipamentos que aceleram os serviços e outros que compõem essa operação.

Requer também uma gestão técnica. Não é apenas com a experiência prática que essa área será administrada, e sim com conhecimento técnico dos pontos essenciais de compra e venda.

PARAMETRIZAÇÃO

De pessoas

A área de peças necessita de várias pessoas, pois se trata de uma operação manual. Profissionais como o estoquista, como o próprio nome indica, cuida do estoque; o profissional de balcão interno é a pessoa que entrega peças para a oficina mecânica, para o balcão externo, além de expedição, recebimento, contagem física de carga na entrada e na saída das peças, telemarketing ativo e passivo para aquelas revendas que trabalham muito no atacado. Profissionais que também têm de lidar com o problema das embalagens tanto na recepção quanto na venda.

A parametrização na área de peças obedece ao seguinte critério:

- Para cada oito produtivos, um atendente de balcão de oficina.
- Para cada dois atendentes de balcão de oficina, um estoquista.
- Balconista e telemarketing devem produzir 50.000 reais por mês por pessoa.
- Como apoio tem-se: compras, recebimento, expedição, motorista e entrada no sistema, dependendo do volume.
- Onde houver atacado, gerente de peças (risco), caso contrário gerente pós-venda.

A ESTOCAGEM FÍSICA

É preciso salientar os principais fatores que representam custos ou perda de eficiência na estocagem física.

Sistema de alocação: a divisão do estoque de forma matricial, em ruas assinaladas e divididas por coluna e linhas numeradas facilita a localização, economiza tempo, além de tornar a estocagem e a retirada de peças mais dinâmica e precisa para o atendimento. Essa alocação deve ser feita pelo sistema e periodicamente auditada e revista.

Contagem física constante: a importância no que se refere a valores investidos nos estoques exige uma checagem constante, por intermédio da contagem física rotativa de itens selecionados de forma randômica, além, é claro, das contagens gerais feitas a cada seis meses.

Cuidados especiais: cuidados especiais devem existir para as peças que possuem risco de perda ou desvalorizam por manipulação inadequada, tais como peças de funilaria fáceis de amassar, peças de alta tecnologia, que são fáceis de quebrar, lanternas, espelhos que possuem forte risco de perda, etc.

Embalagens: as embalagens representam uma importante forma de solução para os problemas informados, assim, as peças devem ser mantidas em suas embalagens originais e, ao expedir é preciso embalar de forma ainda mais segura para evitar perdas e outros danos que geralmente ocorrem.

O RECEBIMENTO DE MERCADORIA

O recebimento de mercadoria é uma atividade de extrema importância no concessionário, uma vez que todas as distorções encontradas entre a nota fiscal, a entrega e a contagem física real devem estar identificadas na nota fiscal que fica com o fornecedor, para que se garanta o ressarcimento de faltas ou quebras ocorridas. Assim, o ato de conferência detalhada e minuciosa irá garantir que o concessionário não assuma prejuízos que não são seus. Da mesma forma, é preciso sempre identificar o recebimento da mercadoria com o pedido de compra executado para que a empresa não receba e pague mercadorias que não foram de fato encomendadas.

A área de recebimento deve sempre ser fechada e sem acesso direto ao estoque. A área de estoque, por sua vez, deve permanecer rigorosamente fechada, impedindo a entrada de pessoas estranhas ao departamento, de modo a dificultar a ocorrência de furto, que acontece, pois se lida com componentes de diferentes tamanhos.

A EXPEDIÇÃO DE MERCADORIA

Obedecendo o mesmo critério do recebimento de peças, a expedição possui importância estratégica, uma vez que é responsável por promover a expedição e a entrega, comparando o pedido com a nota fiscal e conferindo cada item, objeto da expedição, garantindo a total transparência do procedimento.

O mercado identificou a necessidade de uma dupla conferência realizada pelo responsável da expedição e da embalagem, e depois, checagem pelo responsável da entrega ou retirada. A dupla conferência, feita por pessoas de diferentes áreas, garante a segurança e a autenticidade de conteúdo dos itens.

A mesma preocupação com a segurança deve existir na saída dos itens, contando a quantidade de pacotes informados na nota fiscal. No corpo da nota fiscal deve constar o nome do responsável pela verificação de cada uma das conferências.

A SUCATA

A sucata gerada na oficina, principalmente, na funilaria e pintura, geralmente, é tratada como lixo normal, não há um responsável por encaminhar a solução e isso propicia os mais diferentes tipos de desvios. A sucata deve ser vendida, pois possui um valor interessante que, dependendo do volume, pode ser significativo. Há muitas formas de negociar a sucata, ou com compradores específicos, ou por intermédio de leilões especializados. O que não se pode fazer é desprezar a sucata como fonte importante de recursos.

O RISCO DE CRÉDITO

Um fator crítico na área de peças é a administração do risco de crédito. Parte inerente da atividade é a venda para pessoas jurídicas, tanto no balcão quanto no atacado. O problema é que nesse segmento, os clientes geralmente são empresas de pequeno porte, com cadastros limitados e pouco conteúdo, como consequência, o risco é alto. Assim sendo, deve haver acompanhamento pelo setor financeiro, que deve elaborar um cadastro completo, contendo o maior número de informações possível, como tempo de existência da empresa compradora, experiência de crédito com outras empresas, etc.

Lembrando: deve haver atenção aos golpes praticados pelo mercado, que consistem em adquirir o cadastro de empresas tradicionais, com muito tempo de atuação e tradição, e as usar para armar golpes, comprando peças com cadastros montados. Para evitar esse tipo de risco, é importante que o responsável pelo cadastro seja uma pessoa experiente, capaz de reconhecer pelo volume de consultas de uma única empresa, em prazos muito curtos, indícios de golpe.

A atribuição de limites de crédito é dinâmica e deve ser ajustada, ao longo da experiência com os clientes, facilitando a operação e permitindo uma operação de forma gradativa e conservadora.

O MERCADO PARALELO

A compra no mercado paralelo, na prática, é a compra feita diretamente do fabricante, que fornece para a indústria automobilística, ou de seu distribuidor. É, como visto anteriormente, limitada pelo índice de fidelidade, todavia, pode e deve ser utilizada em casos específicos, como o de peças que não envolvam itens que afetem a garantia e outras para atender o atacado de peças. Outro uso desse segmento é na compra de peças que serão utilizadas no reparo de carros usados de outras marcas, pois o diferencial de preço é fundamental na composição de custos do carro usado.

F&I EM PÓS-VENDA

A área de peças e serviços ainda é totalmente inexplorada em F&I. Acredita-se que há um grande potencial em fomentar as receitas com venda de produtos financeiros no pós-venda. Algumas montadoras ensaiam iniciativas de financiamento total, incluindo na compra de um veículo, programas de manutenção programada. É bom lembrar que, segundo pesquisa do Gipa, no Brasil 42% dos reparos são preventivos e 58% são corretivos. Nos Estados Unidos, os motoristas gastam 1.000 dólares por ano com prevenção, enquanto no Brasil esse valor é de 470 dólares por ano.

A manutenção constante propicia veículos em melhores condições, preservando o valor de revenda. A manutenção preventiva é a forma mais econômica de manter o bom estado de conservação, fator importante para a valorização na hora da revenda, evitando quebras inesperadas que afetam o orçamento e economizando, inclusive, combustível.

CONTROLES GERENCIAIS

Os controles gerencias básicos na área de peças devem observar:

- O valor de estoque (peças, acessórios, pneus, óleos, etc.).
- Giro de estoque por item e total.
- Percentual de baixo giro por item e total.
- Percentual de obsoleto por item e total.
- Back order por item e total.
- Faturamento para oficina.
- Faturamento para balcão.
- Faturamento para atacado.
- Faturamento para funilaria.
- Faturamento em garantia.
- Faturamento total.
- Margem comercial bruta / oficina.
- Margem comercial bruta / balcão.
- Margem comercial bruta / atacado.
- Margem comercial bruta / funilaria.
- Margem garantia.
- Margem comercial total.
- Evidenciando, separadamente, cada item (peças, acessórios, óleo e outros produtos).
- Comparação do orçado *versus* real *versus* meta da montadora.
- Contribuição no grau de absorção.
- Índices de parametrização.

- Número de itens do cruzamento das curvas ABC e XYZ.
- Nota sobre limpeza e alocação de estoque.
- Valor sucata e escrapeamento.
- Recompra montadora.
- Campanhas promocionais e resultados.
- Venda à vista.
- Vendas faturadas.
- Venda por cartão de crédito.
- Venda do telemarketing – volume/margem e relação por vendedor *versus* faturamento.
- Plotagem dos clientes da região.
- Vendas perdidas no balcão, oficina e atacado.

Conclusão: a gestão profissional e técnica da área de peças exige controle permanente e diário, pois é sujeita a muitos desvios e furto de peças, erros de estoque por contagem e não verificação do conteúdo das caixas. Atuar diariamente, com envolvimento da direção é o caminho para tornar esta área rentável.

5

GERENCIANDO SERVIÇOS

A área de serviços ainda suscita dúvidas aos concessionários. Eles se questionam se é um bom negócio ou não; se é fonte de lucro ou prejuízo; e quais são as oportunidades e os riscos do setor. O fato irrefutável é que a oficina é uma obrigação contratual. Para serem considerados concessionários plenos, os distribuidores precisam cumprir essa obrigação e manter a área de serviços.

Na atualidade, o senso comum aponta a oficina como importante canal para criar relacionamento com os clientes e torná-los fiéis, até mais, do que a venda do carro novo. A área de serviços pode ser um excelente instrumento de venda de veículos novos, usados, acessórios e de produtos financeiros, além de consolidar a imagem de qualidade da marca e do concessionário. As montadoras japonesas, por exemplo, já utilizam a oficina para transmitir e fortalecer a percepção de qualidade. Estabelecem custos de manutenção baixos, tentando mudar a imagem que os clientes têm dos serviços de reparo e manutenção em revendas, onerosos demais. Isto é, atrelam os custos de manutenção à qualidade do carro: se esta é elevada, o custo de manutenção é baixo. Consequentemente, se o revendedor fizer um bom trabalho, a fidelização se estende a ele.

A oficina é uma área de grande relevância, um instrumento mercadológico e de planejamento estratégico fundamental que contribui significativamente para a formação do lucro bruto da empresa. A ressalva é que é uma área eminentemente técnica, que demanda investimentos em equipamentos e é intensiva de mão de obra. Essas características fazem com que seja uma área sensível a gastos, o que demanda parametrização permanente, controles de eficiência, de produtividade e de custos. Só com controles rigorosos a atividade se torna um bom negócio e contribui positivamente para a margem de lucro.

A qualidade dos serviços de oficina, percebida pelos clientes que, por sua vez, manifestam sua satisfação em pesquisas das montadoras, determina uma série de vantagens monetárias aos concessionários que também representarão contribuições importantes de renda e margem. As vantagens são traduzidas em valor de mão de obra/garantia, bônus, recompra de peças, vantagens em treinamento e até alteração da cota do concessionário, entre outras. Se esta não for uma área controlada, com índices altos de qualidade percebida, comprometerá não só a oficina em si, mas toda a revenda.

Só é possível consertar veículos de qualidade com eletrônica instalada, utilizando equipamentos de ponta, caros para serem adquiridos e que, depois, demandam cuidados com conservação, limpeza, etc. Como precisam investir altas somas para equipar a oficina, as receitas advindas dessa área, às vezes, não são percebidas pelos concessionários no curto prazo. Porém, sabe-se que a assistência técnica gera um lucro direto e outro indireto. O direto é o resultado em si. O indireto é a fidelização do cliente e a redução do esforço e dos investimentos para trazer novos clientes.

Nos Estados Unidos, com a necessidade de controlar receitas e investimentos, foram criados novos modelos para a aquisição de equipamentos. Lá, todos os equipamentos pertencem aos produtivos (mecânicos) o que garante a qualidade, o bom uso, a boa manutenção das ferramentas, a limpeza, etc. É uma mudança de comportamento, além de reduzir os custos e os investimentos do concessionário. Como no Brasil, todos os equipamentos de trabalho dos mecânicos são propriedade do concessionário, há que se controlar a qualidade, limpeza e manutenção desse ferramental.

ESTRUTURA E PARAMETRIZAÇÃO

Os parâmetros fundamentais para controlar os números da oficina, determinar a quantidade de pessoal, a estrutura física, o investimento em equipamentos, é a *passagem de oficina* e o plano de ação anual das montadoras. O *guide* determina a quantidade de lugares de trabalho (LT) e a necessidade de lugares de estacionamento (LE). A passagem de oficina equivale à passagem de loja vista no capítulo de autos novos, trata-se do mesmo conceito. É possível projetar toda a estrutura organizacional por intermédio da passagem de loja somada à passagem de oficina, e os parâmetros têm igual importância para analisar os custos de estrutura.

A passagem de oficina resulta de fatores como:

- Parque circulante da região.
- Volume de vendas de novos (quanto mais autos novos forem vendidos, maior será a passagem de oficina porque esses carros voltam para a revisão de garantia e alimentam o parque circulante).
- Fruto da imagem de transparência e credibilidade que o concessionário passa ao mercado. Se o serviço prestado for bom, transmitir uma boa imagem, maior será o retorno influenciando na passagem de loja.
- Preços competitivos. Se a postura for de determinar preços acima do mercado haverá fuga de clientes, diminuindo a passagem de oficina.
- Postura mercadológica agressiva, com promoções diárias para atrair mais passagem de loja e elevar esse número, que influenciará no faturamento e na estrutura.
- Fidelização dos clientes.

Conclui-se que o resultado da área de serviços está relacionado ao conhecimento da passagem de oficina gerido e aprimorado pelos instrumentos de marketing para maximizá-lo e assim projetar as estruturas de custo e investimentos.

A parametrização da oficina deve determinar o número máximo de produtivos (mecânicos, eletricistas, tapeceiros, funileiros, pintores, etc.) e improdutivos (analistas e consultores técnicos, escritório de oficina, manobristas, etc.).

O critério estabelecido é o seguinte:

- Passagens diárias de oficina divididas por cinco é igual ao número de produtivos. Esse valor deve ser ajustado periodicamente, pois com as novas tecnologias, a tendência natural será o índice crescer de forma acentuada. Como referência já se fala que, apenas nos chamados serviços rápidos, o número de passagem por produtivo é dezesseis.
- Outra informação importante que confirma e ajusta a relação acima citada é o número de horas vendidas por carro atendido, na relação de cinco carros/dia, implicará uma relação de 1,6 horas por carro.

- Os serviços de revisão dos carros vendidos no concessionário, a revisão de entrega de novos e de usados devem ser consideradas como passagem de oficina. A exceção são os serviços de funilaria.
- O critério não contempla funilaria e pintura, para esta área específica vale a relação de *faturamento por produtivo* para, desse modo, estabelecer o número máximo de pessoas.

Para estabelecer a relação de produtivos e improdutivos utiliza-se o seguinte:

Improdutivos = 0,80* produtivos. Isso significa que os improdutivos devem representar, no máximo, 80% dos produtivos. A relação pode ser menor, mas nunca maior.

A parametrização permite definir a quantidade de lugares de trabalho e de estacionamento, o chamado "pulmão de oficina", e criar uma célula de trabalho com maior produtividade. Da mesma forma, o "pulmão de oficina" é influenciado pela revisão de entrega/retirada de veículos novos de clientes e frotistas (venda diretas da fábrica, mas retiradas nas revendas). Essa parametrização garantirá a baixa ociosidade e determinará a estrutura mais enxuta para o volume de faturamento sem que isso prejudique a qualidade, que é o maior desafio: ser produtivo com estrutura enxuta, sem perder a qualidade.

PONTOS CRÍTICOS

Há diversos pontos críticos que influenciam a estrutura de custos que, se não forem acompanhados e controlados, prejudicarão o resultado, pois aumentarão os custos ou diminuirão as receitas.

Ordem de serviço em aberto

Os clientes vão à revenda, deixam os automóveis e, para esse evento, emite-se uma ordem de execução de serviço para os reparos necessários. Após o conserto, o cliente retira o carro e a ordem de serviço não é fechada por falta de controle. Essa cena é comum nos revendedores. Em tese, o veículo não poderia ter deixado a oficina sem a liquidação da ordem de serviço. A ordem em aberto representa uma perda real já que o mecânico que executou o reparo foi pago, as peças também e o faturamento foi frustrado. Não há nenhum instrumento fiscal de cobrança. Esse é um dos elementos de maior custo e prejuízo dentro da oficina.

Serviço em garantia

Serviços em garantia são normatizados pelos fabricantes, que balizam e autorizam procedimentos de execução e peças que podem ser trocadas. O sistema das montadoras é rígido e deve ser executado exatamente de acordo com a norma, sob pena de não se receber da fábrica o reembolso dos serviços em garantia executados. Deve-se acompanhar o custo da mão de obra e as peças que foram substituídas e devem ser devolvidas para a montadora.

Cada fabricante possui estatísticas e índices dos defeitos e reparos em garantia, uma média padrão das possibilidades de ocorrência. Sabe o que pode dar errado e qual o percentual desses problemas. Alterar para mais esses índices cria um passivo, um recebível que não entra no faturamento. O problema se torna mais grave, pois o fluxo de serviços em garantia é permanente. O distribuidor manda o movimento mensal para a montadora, se ela recusar, o movimento volta, têm-se o retrabalho de reenviar até o momento de ser dado como perdido ou aceito. Durante toda essa trajetória, tem-se um recebível gravitando no espaço. Além disso, as montadoras, que pagam por esses serviços, podem auditá-los a qualquer momento. As auditorias são realizadas quando há um desvio superior à média padrão de determinado serviço, o que acende uma luz de alerta na montadora, auditores são enviados e, se detectarem irregularidades e falhas, o valor já pago é estornado. O titular deve acompanhar constantemente para não correr o risco de a gerência de serviços alterar os índices de garantia. É um serviço eminentemente técnico, mas que necessita ser acompanhado.

Estoque de horas do mecânico

A oficina também tem seu estoque, assim com a área de peças, só que é um estoque de horas. É preciso fazer o melhor uso desse estoque de horas, com maior giro possível, maximizando a disponibilidade. O controle permite comparar o estoque de horas disponíveis com o estoque de horas vendidas. Essa comparação irá gerar o conhecimento da inatividade, da eficiência e, consequentemente, do resultado.

Retorno e retrabalho de serviço

Quantos carros retornam para a oficina e quantos devem ser retrabalhados por serviços considerados inadequados antes da entrega ao cliente? Conhecer as respostas a essas perguntas melhora a produtividade e a qualidade do trabalho, evita desperdícios com reincidências e impede que custos fiquem desaparecidos no processo, além de conhecer a qualidade da equipe. Se houver controle de retorno e retrabalho é possível cobrar do produtivo que trabalhou errado os custos de produtividade.

Prisma

Por desconhecerem a importância de determinados controles, muitos revendedores abrem mão de instrumentos simples, mas eficazes. É o caso do prisma de diferentes cores. Colocado no capô ou na capota do automóvel, o prisma corresponde a uma ordem de serviço. Garante que o carro que entrou na oficina teve sua chegada e o serviço a ser feito registrados. O prisma permite, em primeiro lugar, a análise visual da oficina e a certeza de que todos os carros que estão ali possuem uma ordem de serviço, e que ele será executado e controlado, caso contrário corre-se o risco de executar serviços sem nenhum tipo de controle.

O prisma tem cores diferentes para distinguir os diversos tipos e tempos de serviços e a equipe que irá executá-los. É possível fazer várias classificações por cores para facilitar o controle visual e a eficiência na oficina. Ao abrir mão desse sistema há de se criar outro que traga as mesmas vantagens de controle.

Débitos internos

Débitos internos são serviços executados nos carros de clientes pagos pelo concessionário. São serviços de clientes que retornaram ao concessionário insatisfeitos com a qualidade do reparo executado ou alegando que o serviço não foi feito. Como ninguém verifica se o que está sendo reclamado é real ou não, o serviço é feito por conta do concessionário, e o procedimento é a abertura de um débito interno para aquele cliente. A partir do momento em que não há um critério rígido de aprovação do débito interno, abre-se um flanco para despesas internas desnecessárias. O controle do débito interno deve ser rigoroso, com aprovações e limites preestabelecidos, pois tem potencial de se tornar um desastre para os resultados da oficina. O débito interno decorre também da área de usados. Quando esta não é bem administrada possibilita que, após a venda do carro usado, serviços que não foram feitos voltem para retrabalho, o que significa custo da oficina. Como o serviço não foi feito e não houve cobrança, refazer algo que já devia ter sido feito quando o preço do carro foi calculado é um custo que só aparecerá depois, na reclamação do cliente.

A produtividade da oficina pode ser maximizada ou minimizada pelo layout do espaço. Sabe-se, atualmente, que determinados tipos de layout são mais eficazes que outros. Por exemplo, a linha de revisão na qual os automóveis ficam dispostos como em uma linha de produção da montadora, com os elevadores em linha e os kits de peças padrão, usadas nas revisões, ao lado. Essa disposição aumenta a eficiência e a produtividade do serviço. Em vez de o serviço ser executado no boxe é feito na linha e com isso ganha-se em volume de passagem de oficina. Esse layout está relacionado ao "pulmão de oficina", o estacionamento necessário para a circulação dos carros nos diferentes boxes de serviços para execução dos diversos serviços. O layout em linha influencia também o custo de mão de obra, porque permite destinar o profissional com a qualificação adequada à complexidade do serviço para cada boxe — trabalhos mais sofisticados com profissionais que custam mais, e outros com custo menor para trabalhos simples.

Um elemento importante na composição dos custos é dividir os produtivos de acordo com a distribuição dos trabalhos. Divididos nas categorias júnior, sênior e máster, os mecânicos são classificados em função do conhecimento técnico. Na oficina, não é necessário que todos sejam máster, mas é preciso haver profissionais com diferentes qualificações, dependendo de como os trabalhos na oficina são distribuídos. O mecânico máster contribui com técnica e qualidade, o sênior com volume de serviço e o júnior é um aprendiz e ajudante. O uso adequado das categorias aumenta a eficiência e a produtividade, e o layout em linha ajuda também nisso: saber exatamente em cada área da oficina qual tipo de serviço é realizado. O responsável por gerenciar a área deve ser capaz de direcionar os serviços segundo a expertise de cada profissional. Um trabalho com injeção eletrônica, por exemplo, deve ser atribuído para o profissional com mais experiência nesse tipo de serviço do que qualquer outro que esteja disponível, desta forma melhora-se a qualidade. Cada um desses elementos acompanhados e quantificados gera maior produtividade.

PONTOS RELEVANTES A CONTROLAR

Outros elementos não são exatamente críticos, mas, igualmente, precisam de controles rigorosos e eficientes.

Material de consumo

O volume de gastos com material de consumo em uma oficina é muito alto e, geralmente, são materiais de difícil controle. Funilaria e pintura (F&P) é o setor em que há maior uso de material de consumo.

Índice de retorno por produtivo

Não é possível controlar apenas o índice geral de retorno, mas fazê-lo por produtivo, para obter um retrato verdadeiro da qualificação do pessoal e o perfil da equipe.

Preço médio da ordem de serviço

Acompanhe a evolução do preço médio da ordem de serviço composta pelo preço da mão de obra, das peças e pelo tempo médio de execução. Três elementos importantes para a projeção orçamentária. Com eles é possível projetar o faturamento da oficina. Recorrendo ao tíquete médio atual, é possível usar a mesma proporção de mão de obra e de peças para projetar um volume maior de passagem de oficina. O tempo de execução médio fornecerá a informação do número de produtivos necessários para a operação, e saber qual a média mecânico / reparo / dia. São elementos que melhoram a parametrização.

Preço mão de obra

O preço de mão de obra público deve ser estabelecido, no mínimo, entre 30% e 40% superior ao preço da garantia. Quando o concessionário estabelece o preço de mão de obra pública próximo do preço / garantia, estará trabalhando perto do custo real, sem considerar nenhuma margem de lucro e receita para cobrir os custos. É bom lembrar que a fábrica determina os critérios de garantia, que são modificados frequentemente. É necessário manter um sistema de comunicação e informação constante entre os responsáveis e os produtivos sobre novas normas de garantia. A caducidade dessas informações gerará retorno de garantia e custos.

A área de F&P (funilaria e pintura) é uma das mais sensíveis na assistência técnica. A maior parte desses serviços é oriunda das seguradoras de veículos. Essas empresas determinam a precificação desses serviços e impõem, pelo poder de barganha que possuem, quanto vão pagar de mão de obra e peças. São serviços executados com margem mínima. Só se sobrevive com resultados positivos se o volume de serviços de F&P for alto, as margens já são estreitas e as seguradoras contribuem para derrubar o preço da mão de obra apurada. Outra dificuldade é controlar a produtividade, pois se trata de um trabalho quase artesanal, diferente dos serviços mecânicos que têm um período de execução padrão. Esse controle tem como parâmetro um funileiro abastecendo três pintores.

GIRO DE OFICINA

O giro de oficina é fundamental para o revendedor medir a eficiência dos serviços, isto é, quantos carros entram e saem por dia. O "encalhe", ou os veículos que entram e não saem acontece por erros no processo: ou faltou peça, ou o carro apresentou problemas técnicos impossíveis de serem resolvidos no tempo padrão, ou houve excesso de serviços com mais carros entrando do que a equipe podia dar conta. De qualquer modo, o "encalhe" tem custos altos de espaço ocupado, de estacionamento, de circulação e de frustração de faturamento.

O POTENCIAL DO PÓS-VENDA

A área de oficina é a que sofre a maior transformação em relação a conceitos estratégicos na revenda. Um exemplo é o conceito do recepcionista ou consultor técnico. A figura do consultor está deixando de existir para ser substituída pelo mecânico que atende diretamente o cliente. É uma mudança grande que, em um primeiro momento, representa redução de custos, por outro lado, leva à necessidade de treinamento para que o técnico saiba atender o cliente. O perfil desse profissional irá além da qualificação do mecânico, terá características de um vendedor técnico com exigências maiores. Essa mudança busca economia de custos, de tempo para o cliente, de rapidez e de credibilidade. O cliente passa a ter a sensação de que está falando com a pessoa que entende e vai resolver o problema. Também é uma mudança de imagem que objetiva a credibilidade e tenta imitar o que já acontece no mercado independente, criando nas autorizadas a figura do "mecânico de confiança", considerado importante pelo consumidor. Sai a frieza do atendimento e entra uma contato personalizado.

Nas revendas, a área de serviços é um centro de novos negócios ainda inexplorado. Os revendedores gastam milhões de reais em publicidade para atrair clientes e aumentar a passagem do showroom. Uma campanha é bem-sucedida quando traz um incremento de 30% a 40% de consumidores visitando o showroom. Considerando a média nacional, que indica a passagem de loja entre 250 e 300 pessoas por mês, um incremento de 40% aumentaria o fluxo em 120 pessoas por mês. Por outro lado, a média nacional de passagem de oficina é duas a três vezes maior que a passagem de loja, na média nacional, novecentas pessoas por mês, dependendo do local, da concorrência e da maturidade do ponto de venda — quanto maior o tempo de mercado, maior é o número de passagens na oficina em relação à passagem de loja. Quanto mais jovem for a revenda, essa relação diminui. A análise estatística aponta que na revenda madura, dos estimados novecentos carros por mês, entre 30% e 33% da passagem de oficina são veículos que saíram do período de garantia, têm entre três e quatro anos de vida e se encontram no momento de troca. Só que o cliente ainda não se deu conta disso. Para explorar esse potencial, deve-se considerar que o cliente conhece a revenda e já possui um carro da marca, que o revendedor conhece o carro e tem informações estratégicas como: modelo, cor, quilometragem, histórico (quanto foi gasto no carro, quais serviços foram executados e de que forma), o estado de conservação, é possível formular uma proposta de troca. O mercado demonstra que o consumidor da oficina se decide pela compra com muito mais facilidade e rapidez do que o consumidor que visita o showroom. Esse último já se decidiu pela troca, visitou várias revendas e analisou diversas propostas, investigou taxa de juros, preço, negociou o usado e está preparado para a negociação. O cliente que está na oficina não está pensando em troca e quando recebe uma proposta mercadológica adequada, pego de surpresa, é mais suscetível de fechar o negócio do que o outro. Os diferenciais das propostas, para oferecer um carro novo consistem em:

- Fazer uma prévia avaliação e propor um financiamento discutindo o valor da prestação.
- Criar atrativos com percepção de prêmio como bônus.
- Classificar por ano de uso e definir o melhor plano a ser oferecido.

Outro diferencial é valorizar o usado, oferecendo outro modelo mais completo ou mais novo. É uma oportunidade de giro de estoque e possibilidade de F&I.

Em números, o volume de clientes atraídos pela publicidade é praticamente o mesmo número de clientes que já estão na oficina. A diferença é que a ação publicitária demanda muito investimento e esse cliente, que já está na revenda, tem custo zero de atração.

Como centro de negócios, a oficina também tem potencial de venda de acessórios, contrariando o senso comum de que a maior fonte de venda desses produtos é a venda de novos. Na compra de um carro zero quilômetro, o cliente pressiona para receber no negócio os acessórios de graça, mas na oficina não. O consumidor da oficina já pagou várias prestações, consolidou o investimento e quer fazer um upgrade.

Além de carros novos, usados, acessórios, outra possibilidade da oficina é a venda de serviços financeiros como contratos de serviços futuros. Mediante pagamento mensal, o consumidor garante a manutenção do carro pelo período estabelecido em contrato. A revenda cria um pacote de serviços de manutenção preventiva e troca de peças sujeitas a desgaste naquele período. Esse tipo de produto tem a vantagem de tornar o cliente fiel. Na mesma linha, sabendo que entre o terceiro e o quarto ano de vida do automóvel apenas 18,3% dos clientes retornam à revenda para a realização de serviços, ante 78,9% no primeiro ano, se o concessionário oferecer, ao comprador de carro novo, a troca de óleo e filtro grátis para todas as revisões feitas na revenda após a garantia, o custo desse tipo de promoção seria próximo de zero já que esses e outros serviços serão executados ao longo da vida do carro por necessidade.

Outros produtos, inclusive de F&I, podem ser gerados nas áreas de serviço e peças. O financiamento de serviços negociados no sistema financeiro, criando um retorno ainda pouco explorado, pagamentos com cartão de crédito e outros, afinal, prazo curto, cliente conhecido, proprietário de veículo, não parece um bom tomador de crédito?

Uma informação importante para o distribuidor é pesquisar entre os clientes, por intermédio do código de endereçamento postal (CEP), a região de influência em torno da revenda. Quando o tema é serviço essa região tem um raio de atuação curto. Os clientes que levam o automóvel para a oficina ou moram ou trabalham próximo da revenda. Como o raio de influência é curto, é viável investir em mídias dirigidas e com custo de investimento menor. Não é necessário um tiro de canhão para atingir quem está ao lado. Conhecendo essas informações, os custos de propaganda são minimizados e as respostas de mídia, maximizadas, é possível inovar nas formas de contato, elaborar promoções, etc.

O QUE O CLIENTE BUSCA NA OFICINA

- O cliente que chega na oficina quer resolver seu problema de forma definitiva.
- Não quer perder tempo.
- Não quer ficar sem carro muito tempo.

- Não quer voltar com o mesmo problema.
- Quer segurança e transparência.

OFICINA COMO FONTE COMERCIAL

Sabendo o que o cliente deseja não é preciso ser muito criativo para atendê-lo bem e fidelizá-lo. Os consumidores não desejam nada de absurdo ou inatingível.

Para que ele não perca muito tempo pode-se, por exemplo, eliminar picos de entrada e saída da oficina nos horários do início da manhã e no fim da tarde com ideias simples, tais como: marcar hora de entrada e saída (agendamento), ou utilizar o serviço de leva e traz como prestação de serviço remunerada, vinculando uma hora marcada na retirada e na entrega, transmitindo além de tudo a imagem de um serviço exclusivo. Assim, quem precisa dessa comodidade estaria disposto a pagar uma pequena taxa por isso.

A criação de serviços rápidos de, no máximo, quinze minutos para que o consumidor possa acompanhar o serviço, daria além de tudo, percepção de credibilidade. Nesse caso o próprio mecânico, desde que bem treinado, vira um vendedor! Test-drive de qualidade vinculado a um determinado horário, entre outros. Essas são ideias que melhoram o fluxo na oficina além de passar a imagem de credibilidade, transparência e segurança do serviço feito. Ao fim, as peças trocadas devem ser devolvidas ao cliente, reforçando as percepções anteriores.

A OFICINA TORNANDO OS CLIENTES FIÉIS

Como já foi dito, o futuro do negócio de concessionários está focado na chamada fidelização do cliente. O objetivo é tornar o consumidor mais do que fiel, mas "leal" à empresa. A lealdade se constrói com confiança e esta se solidifica com atitudes que demonstram eficiência, capacidade de resolver problemas de forma definitiva, transparência e, principalmente, atenção e presença. Basta olhar para a definição e constatar por que a oficina é talvez um dos pontos mais estratégicos para essa conquista. É o momento que o cliente precisa do concessionário, precisa da eficiência, conta com a competência e espera os resultados dessa relação.

Outro elemento importante é a periodicidade com que a oficina permite manter contato com os clientes, fazendo com que a presença seja sempre lembrada.

A IMPORTÂNCIA DO GRAU DE ABSORÇÃO DE DESPESAS

A absorção é sinônimo de independência do mercado de veículos e certeza de que a empresa estará pronta para enfrentar qualquer desafio do mercado. Assim, buscar a maximização da passagem de oficina, incentivar seu crescimento, desenvolver uma política de atratividade com condições competitivas, pacotes atraentes, inovações é a chave para atingir um maior grau de absorção através do pós-venda.

A IMPORTÂNCIA DO TREINAMENTO DOS PRODUTIVOS E DA REPOSIÇÃO DE MÃO DE OBRA

Não existe qualidade no pós-venda sem treinamento. Estamos falando de técnica, de processo, de tecnologia, de inovação permanente, de produtos que, se não se modificarem para melhor, irão sucumbir no tempo. Dessa forma, só com treinamento e formação dos produtivos é que a qualidade que o cliente precisa receber será garantida.

O treinamento é o elemento fundamental para garantir que a necessária reposição de mão de obra não ocorra com perda de qualidade instantânea. É um processo constante, ininterrupto e estratégico para a empresa.

A LOGÍSTICA INTERNA DA OFICINA

A logística da oficina é um fator importantíssimo para a maximização do giro de veículos. A circulação dos veículos em serviço deve obedecer a uma lógica de tipo de serviço, tempo de duração e especialização do produtivo, mas acima de tudo deve acompanhar de forma rigorosa a programação de trabalho da ordem de serviço.

Existem arquitetos especializados em desenhar layouts apropriados para maximizar a circulação de veículos dentro da oficina, os ganhos de produtividade são realmente expressivos.

OS CONTROLES GERENCIAIS

Os controles gerenciais básicos da oficina devem contemplar:

- Passagem de veículos diária separando, sempre, mecânica e funilaria.
- Entrada e saída de veículos em unidade (giro), distinguindo a mecânica da funilaria.
- Faturamento diário, acumulado por área e dividido por peças e mão de obra.
- Margem bruta diária e acumulada por área de peças e mão de obra.
- Veículos atendidos por produtivo.
- Horas vendidas por veículo.
- Serviços em andamento por área.
- Ordens de serviço em aberto, valor total e data mais antiga.
- Total de horas disponíveis e total de horas vendidas.
- Valor médio da ordem de serviço por área.
- Proporção de peças e mão de obra por área.
- Retorno em número e valor.
- Serviços em garantia, mão de obra e peças.
- Devolução de garantia.
- Mão de obra pública e de garantia.
- Descontos praticados.
- Faltas e atrasos dos produtivos.

- Venda à vista, cartão de crédito e faturado.
- Perfil do cliente: revisão gratuita, fora da garantia, retorno, funilaria, orçamento.
- Perfil do veículo: ano/modelo.
- Perfil dos serviços.
- Orçamentos perdidos.
- Venda de acessórios.

Conclusão: a área de oficina exige conhecimento técnico, uso das parametrizações, forte visão de qualidade, gestão permanente baseada em números, acompanhamento minucioso e perspectiva de fidelização do cliente.

6

GERENCIANDO QUALIDADE

A QUALIDADE NA INDÚSTRIA AUTOMOBILÍSTICA

Nas décadas de 1960 e 1970, os sistemas de qualidade da indústria automobilística brasileira eram toscos, continham apenas o essencial e limitavam-se às inspeções nas linhas de montagem e à verificação de especificações técnicas. A amostragem rudimentar e as respostas de campo que retornavam às montadoras lentamente eram imprecisas e as correções, demoradas. Nos anos 1980, precisamente na metade da década, os controles se aprimoraram. Os fabricantes começaram a escrever suas normas e avaliar os fornecedores de peças que deviam assegurar a qualidade. Novos métodos e ferramentas específicas com a ISO 9000 foram adotados.

No fim dos anos 1980, precisamente em 1987, a Volkswagen do Brasil começou a exportar uma versão sofisticada do Voyage vendido no Brasil para os Estados Unidos, o maior e mais exigente mercado do mundo. No ano seguinte, o carro batizado de Fox foi avaliado pela J. D. Power, instituição independente que realiza estudos de qualidade a partir da pesquisa direta com consumidores. Pela primeira vez o produto made in Brazil, foi comparado com o de outros fabricantes, de outras partes do mundo.

Os veículos brasileiros apresentaram 92,5 defeitos de montagem em cada cem veículos, superando, apenas a qualidade de um carro feito na antiga Iuguslávia que apresentou, em média, 105 defeitos em cada 100 unidades. Com relação aos demais países pesquisados, a situação do Brasil era:

- 54% mais defeitos do que no Japão (60/100);

- 42% mais do que nas empresas japonesas nos Estados Unidos (65 / 100);
- 34% pior do que o México (69 / 100);
- 13% pior do que os veículos fabricados por empresas norte-americanas nos Estados Unidos (82 / 100);
- 6% pior do que os veículos coreanos (87,5 / 100).

Até então o mercado brasileiro de automóveis era fechado, as importações, proibidas e a indústria, em geral, sofria com a reserva do mercado de informática. Veio 1990, e o presidente eleito Fernando Collor de Mello, após afirmar que os carros brasileiros eram "carroças", abriu o mercado para veículos importados, pôs fim à reserva de mercado de informática e deu chance para a melhoria de qualidade. A exposição dos consumidores brasileiros aos produtos estrangeiros obrigou a indústria a uma rápida atualização. Aliado a isso, a implantação do código de defesa do consumidor e a evolução das exigências de certificação do sistema da qualidade com a consolidação das normas ISO 9000 alavancaram a melhoria de produtos e serviços.

Competitividade, produtividade, lean producion, just in time, total quality control, reengenharia, novas ideias arejaram o setor. As montadoras melhoraram seus níveis de qualidade, com redução de defeitos por lote de cem unidades: 100 defeitos de montagem em cada 100 veículos em 1990; 84, em 1991; 50 em 1993, e despesas de garantia por veículo: base 100 em 1990; 76 em 1992 e 61 em 1993.

Quando parecia que os sistemas de qualidade estavam consolidados no país, o ritmo frenético da produção dos últimos anos estressou toda a cadeia de produção e mostrou índices preocupantes de defeitos em partes por milhão (ppm). Na cadeia de produção os custos da não qualidade representam 1,9% do faturamento do setor de autopeças. Já para as montadoras a qualidade dos veículos representa vantagens em custos do produto entre 500 dólares e 700 dólares por veículo. Não existe, no entanto, mensuração sistemática da qualidade de veículos no Brasil como a realizada pela J. D. Powers nos Estados Unidos. Assim, a comparação com os outros países produtores torna-se muito difícil, pois a forma de medição não é necessariamente igual e, portanto, não é possível chegar a uma conclusão. Pesa também o fato de que a maioria das montadoras instaladas tem capital fechado no país.

Seja como for, as montadoras investem pesado no controle de qualidade de sua produção. Já no atendimento prestado pela rede autorizada os programas poderiam ser mais efetivos, como será abordado adiante.

Os fabricantes dispõem de centros de pesquisa para garantir ao consumidor final um alto padrão de confiabilidade. Talvez, o mais emblemático símbolo desse controle seja o crash-test. O teste de impacto visa desenvolver veículos mais seguros e, em consequência, reduzir danos físicos e mortes decorrentes de acidentes de trânsito. Desde 1915 — a pioneira foi a Dodge nos Estados Unidos —, as montadoras realizam os testes de impacto. O tema segurança veicular, porém, ganhou relevância após a Segunda Guerra Mundial. Para citar um exemplo, a Volkswagen do Brasil, a primeira a realizar crash-test no Brasil, em 1971, com o Fusca, destrói em testes de impacto mais de 150 de veículos completos por ano. Contando as partes específicas como bancos, são mais de quatrocentos testes/ano. Os veículos são testados, em parceria com o departamento de design desde os primeiros esboços de um modelo novo, passando pelas séries pilotos, quando os carros são apenas protótipos, tudo para detectar e corrigir eventuais problemas.

Medições, análises, calibragem e conferências de componentes são realizadas em sofisticados laboratórios e, cada vez mais, usam programas de simulação virtual, para dimensionar os principais elementos estruturais e as partes móveis da carroceria. Contínuas simulações analisam o comportamento do veículo em condições de uso (componentes e conjuntos) frente às solicitações mecânicas (torque, flexão, fadiga e efeitos acústicos no habitáculo) e crash-test, verificando a cada momento, a qualidade e a segurança do projeto.

O portfólio de crash-test de cada montadora é confidencial, um diferencial estratégico, mas entre eles estão impactos frontais, laterais e capotamento estático. Um reflexo desses ensaios é o desenvolvimento dos componentes de segurança passiva nos veículos. O principal é o conceito de absorção da energia provocada pelo impacto, evitando que ela seja transmitida ao ocupante do veículo. Nos anos 1950, as carrocerias eram rígidas, desenvolvidas com foco em design e robustez, hoje, além disso, privilegiam a segurança e a manutenção da integridade da célula de sobrevivência. Rígidas, as carrocerias absorviam pouca energia, derrubavam postes e mal amassavam. Resultado: sobrava mais energia para ser absorvida pelos ocupantes dentro do veículo. As montadoras desenvolveram estruturas que deformam rapidamente, o conceito é o da rigidez torcional, isto é, uma deformação maior quando se dá o impacto, controlada depois para preservar o habitáculo. Outros elementos de engenharia auxiliam nessa tarefa, como os absorvedores de impacto, bloco de motor, painel frontal (front-end), adotados para minimizar a passagem da energia de um impacto para as partes estruturais do veículo, diminuindo os danos. Esses elementos compõem um bloco central (habitáculo) com deformação programada, resistente ao choque. As partes móveis integram o conjunto e contribuem para a absorção. Outros componentes que evoluíram ou foram desenvolvidos com os crash-test foram cinto de segurança de três pontos, apoios de cabeça dianteiro e traseiro, para-brisas laminados, air bag, barras de proteção nas portas, dispositivos que monitoram o motor e atuam em conjunto com a injeção eletrônica cortando o motor automaticamente no caso de uma colisão, entre outros.

A qualidade nunca acontece por acaso, é sempre o resultado de nobres intenções, trabalho sincero, direção inteligente e esmero nas realizações. Qualidade sempre nasce das necessidades. Para a indústria automobilística global chegar ao atual estágio, o trabalho de dois homens foi determinante. O primeiro, William Edwards Deming, matemático e físico norte-americano, é tido como o "papa" e disseminador do movimento da qualidade. Após a Segunda Guerra Mundial, Deming foi ao Japão trabalhar no esforço de guerra para erguer o país das cinzas, integrando o grupo responsável pelos padrões aplicados à produção industrial, empregando métodos estatísticos de controle de qualidade. Ele treinou engenheiros, técnicos, estudantes e a alta administração de empresas, e afirmava aos gestores que a melhoria na qualidade reduz despesas e, ao mesmo tempo, amplia a produtividade e a fatia de mercado. Ele considerava insuficiente limitar-se a cumprir a margem de tolerância das especificações. Para ele, era preciso fazer uso dos instrumentos de controle estatístico de qualidade, em vez da mera inspeção tradicional por amostragem de produtos, que não melhora nem garante a qualidade, e até deixa passar alguns defeitos. Deming defendia também que a qualidade nasce em função das exigências e necessidades do consumidor. Como estas variam com o tempo, a conclusão é que as especificações de qualidade também deveriam ser alteradas constantemente.

Os conceitos quase filosóficos que, posteriormente, ficaram conhecidos mundo afora como modelo Toyota de produção foram extraídos do trabalho de William Deming, que ajudou na formação de engenheiros japoneses. Estes, por sua vez, levaram a teoria ao chão de fábrica. Daí surgiram modelos, como o kaizen ou melhoria contínua. Ou seja, a perfeição deveria ser permanentemente perseguida. Nas linhas de produção da Toyota também nasceram preceitos como o just-in-time. Os fornecedores se mudavam para perto da fábrica e entregavam os componentes quase ao mesmo tempo em que eram instalados nos carros, eliminando os estoques intermediários de peças e derrubando fortemente os custos. Não há montadora no mundo, hoje, que não use esse método de produção. Graças a esse trabalho, Deming é mais conhecido e reconhecido no Japão do que nos Estados Unidos e é visto como o pai do milagre industrial do país asiático.

O segundo marco da necessidade de qualidade chama-se Ralph Nader, também norte-americano, advogado, defensor dos direitos dos consumidores, cujo nome associa-se a recall. Em 1965, Nader fez uma análise crítica da indústria automobilística norte-americana, focalizando os defeitos de projeto do Chevrolet Corvair, fabricado pela General Motors Corporation. O esportivo Corvair era instável, capotava nas curvas e provocou muitos acidentes. Dessa análise nasceu o livro denúncia *Unsafe at Any Speed* [Inseguro em qualquer velocidade]. A partir daí, os Estados Unidos e outros países se tornaram mais exigentes com suas leis de proteção ao consumidor, explicitando as obrigações e responsabilidades do fabricante pela qualidade dos produtos, particularmente, quanto à segurança do usuário. Depois da GM, todas as montadoras, sem exceção, tiveram que passar pela desagradável, mas instrutiva experiência de corrigir seus erros.

REPERCUSSÕES: A QUALIDADE NAS REVENDAS DE VEÍCULOS

Falar de qualidade nas revendas de veículos é falar de:

- qualidade de atendimento,
- qualidade de serviço,
- qualidade de produto.

A qualidade de produto e o controle dessa qualidade são responsabilidade das montadoras, não das revendas. Mas são elas que levam a má fama quando algo dá errado, pois são a extensão do processo. Cabe às revendas preservar a qualidade do produto e informar à engenharia de desenvolvimento do fabricante como anda o desempenho no que tange à qualidade. Os concessionários podem ter políticas próprias de qualidade, mas dependem também, dos programas das montadoras. É preciso atrelar os dois programas para não colocar o problema do produto na revenda, pois não é responsabilidade dela. Já o atendimento e a área de serviços são atribuições exclusivas dos concessionários e cabe às revendas executar bem o serviço necessário. O produto com problema chega ao mercado, e o cliente procura o concessionário para resolver. Nem sempre a montadora e sua área de desenvolvimento de produto auxiliam na solução, disponibilizando recursos para o atendimento na ponta, deixando isso por conta do revendedor, o que ocasiona sérios danos. Em todas as montadoras há, em tese, uma linha direta entre as áreas de serviço e pós-venda e a engenharia de desenvolvimento de produto para a troca de informações sobre os problemas que surgem. E várias iniciativas, nem sempre continuadas. Na Mitsubishi do Brasil, por exemplo, sob o comando de uma única diretoria responsável estão as áreas de desenvolvimento e pós-venda. Assim, conseguem resolver grande parte dos problemas, facilitando e conferindo agilidade às ações corretivas. Já se viu no mercado iniciativas como "colocar antenas" nas revendas, isto é, pessoas encarregadas de levar os problemas do pós-venda para a área de desenvolvimento aprimorar o produto. Mesmo sendo consenso de que o departamento de serviços é a interface mais direta com o cliente final, iniciativas como essas foram abortadas pela máxima da redução de custos e falta de constância nas políticas de qualidade próximas à rede de distribuição.

Para cumprir o compromisso de qualidade, a revenda precisa ter cultura e um sistema embasado em parâmetros e procedimentos. Qualidade no pós-venda é tão importante quanto a qualidade do produto e tem por objetivo tornar o cliente fiel e leal. Há no pós-venda oportunidades de efetuar novos negócios com os próprios clientes e vender outras coisas além do automóvel, como seguro, licenciamento, etc. Além disso, um dos principais motivos da perda de clientes é a má qualidade do atendimento e dos serviços prestados no pós-venda, que resulta em consumidores irritados com a empresa, decepcionados com a marca e preferindo outro produto ou serviço. Por trás da fidelização, o objetivo de qualquer empresa, independentemente do mercado, é a manutenção das vendas atuais, a ampliação de oportunidades, a diminuição dos esforços e dos investimentos para atrair e conquistar novos clientes. A fidelização com lealdade também busca consolidar a imagem de qualidade da empresa, da marca e fortalecer os resultados. O objetivo só é atingido através da experiência de qualidade positiva que o cliente tem com o carro e com o concessionário, com o atendimento de suas necessidades e a presença constante da revenda junto a ele.

Para conquistar o objetivo de qualidade, os mecanismos que movimentam a engrenagem são:

- rapidez, pois o tempo de todos é cada vez mais escasso;
- solução definitiva do problema na primeira vez, transmitindo credibilidade, eficácia e transparência da operação.

O óleo que lubrifica essa engrenagem é atendimento simpático. Porém, de nada adianta ser simpático e não ser eficiente, não atender a expectativa de tempo e solução que o cliente anseia.

Nas revendas, a qualidade deve ser observada sempre por três ângulos:

- a gestão da qualidade;
- a oferta de serviços, sem a qual não se faz a gestão da qualidade;
- e a mensuração do desempenho.

A GESTÃO DA QUALIDADE

Na área de assistência técnica, qualidade significa confiança, e a empresa deve transparecer confiabilidade. O serviço de qualidade tem que ser acessível, sob vários ângulos, não só acessibilidade, mas oferta de serviços competitivos, agendamento prévio. O serviço tem que ser seguro e entregue no prazo. E ser rentável para a empresa, pois de nada adianta oferecer diferenciais de serviços e atendimento se estes não trouxerem lucratividade para a empresa. Essas são variáveis fundamentais para criar e manter um programa de qualidade.

A oferta de serviços

Os critérios para ofertar serviços têm de ser constantes. Novamente, não adianta criar oportunidades se essa oferta não for permanente. O princípio da qualidade é a constância na oferta, se não, é apenas uma ação de venda que não serve para a qualidade. A filosofia de prestação de serviços deve ser inerente à empresa, o programa deve ser conhecido e discutido por todos, verificado quanto à coerência e se está embasado na expectativa do cliente. Essa filosofia deve permear todos os níveis da organização, de cima para baixo — do nível institucional, passando pelo organizacional, ao nível técnico —, para que seja desenvolvida, conhecida e cultuada por todos. Caso contrário, não funciona. Em função dessa qualidade, as repercussões para os concessionários aparecem na imagem da empresa no mercado e com os consumidores. No quesito "credibilidade", as revendedoras oficiais ainda pecam e têm uma imagem ruim, a situação piora, e muito, nos grandes centros urbanos. É uma falha que precisa ser trabalhada por todo o setor de distribuição. Os concessionários, por exemplo, têm a má fama de querer "empurrar" peças e fazer serviços desnecessários para o cliente. Para combater essa percepção precisam ter uma oferta transparente, esmiuçar o orçamento, passar a informação correta, mostrar os problemas atuais do veículo, com o carro suspenso no elevador de serviços, e aqueles que podem surgir, por desgaste ou necessidade de manutenção em curto prazo; aproveitando a parada do carro, perguntar se persistem dúvidas, etc. Uma vez criada uma imagem de credibilidade, essa percepção tem que ser constantemente reforçada, junto com o conceito de qualidade, para que se mantenha.

O reforço é o atendimento permeado por simpatia e atenção. Lembrando que a competência dos profissionais ao executar o serviço correto na primeira vez, com excelência, é condição *sine qua non*.

Mensuração do desempenho

Políticas de qualidade devem ser desenvolvidas a partir da criação de um padrão que possa ser medido, visando melhorar constantemente a prestação de serviços (kaisen). É preciso desenvolver relatórios sobre a qualidade dos serviços prestados, sem burocracia. E envolver as pessoas no sentido de questionar, propor e reportar dificuldades (ciclos de qualidade total). Melhorar constantemente a prestação de serviço e, lógico, aprender com os erros e aperfeiçoar constantemente.

Programas de qualidade pressupõem treinamento e desenvolvimento de pessoal, além de agentes multiplicadores da qualidade. O dia a dia resume-se a apagar incêndios, mas é necessário ter algumas pessoas que pensem a organização em longo prazo, sem a preocupação e a pressão por resultados imediatos. A gestão de qualidade é estratégica e não é simples.

Os programas de qualidade requerem treinamento dos profissionais para que eles possam fazer certo na primeira vez, preparando as pessoas para transmitir credibilidade, o que se dá em consequência dos investimentos nos profissionais. Outra condicionante é investir em ativos como CRM e BDC (*Business Development Center*), além de ter foco e objetivos que permeiem toda a organização.

A fidelização do cliente, isto é, a empresa demonstrar lealdade com o consumidor para que ele volte, compõe o lucro indireto da assistência técnica, ou seja, a redução dos esforços de venda. Com o treinamento do pessoal, certificação ISO 9002 e outros programas das montadoras, há melhoria dos resultados financeiros com bônus de mão de obra / garantia e um convívio melhor com a fábrica. Outros resultados são mais intangíveis, como os de imagem do produto e da marca.

Todo o processo de qualidade necessita ser medido através de aspectos como:

- Eficiência do trabalho.
- Qualidade do trabalho executado.
- Qualidade de vida no trabalho. Este é um item importante, pois toda política de qualidade tem dois públicos, o interno e o externo. São os funcionários (público interno) que terão contato direto com o cliente e, se eles não estiverem felizes e satisfeitos, essa percepção será transmitida ao consumidor, destruindo todo o trabalho anterior.
- Rentabilidade, princípio básico do capitalismo, que é o retorno para investir e crescer.
- Capacidade de inovar, também uma constante na avaliação do desempenho.

Competir com qualidade requer criar e implantar uma cultura de qualidade, identificar os serviços que agregam valor para o cliente, considerar as pessoas como o fator mais importante na implantação dos programas, na prática não apenas nos discursos. Saber que o treinamento constante dos colaboradores provoca mudanças de comportamento; monitorar e avaliar constantemente os resultados e considerar que os efeitos financeiros da gestão de qualidade só ocorrem pela regularidade e no tempo adequado. Trabalhar o aqui e o agora não funciona em qualidade.

Desejos e necessidades do cliente

Citando Deming:

"A qualidade de um produto ou serviço só pode ser definida pelo cliente."

"A qualidade dos serviços vai mudando de significado à medida que as necessidades dos clientes evoluem."

Cabe à empresa acompanhar a mudança de expectativa dos clientes, pesquisando-as sempre. Por sua vez, as pesquisas devem ser uniformes, adequadas ao mercado e de baixo custo, caso contrário, não remuneram a política de qualidade, levando à desistência do programa. Lembrando que a falta de persistência é um dos grandes entraves para o sucesso das políticas de qualidade. Geralmente, as montadoras têm uma rotina de realização de pesquisas, colhendo informações sobre qualidade diretamente do consumidor em diversos momentos, como logo após a compra, depois de poucos meses e entre dez meses e um ano. Esses levantamentos, questionário e entrevista presencial, medem não só a satisfação com o carro, mas a satisfação com o atendimento na hora de compra, nas revisões e a qualidade dos serviços, nos diferentes momentos.

Há inúmeros programas mantidos nas revendas para recolher, próximo ao mercado, informações sobre os produtos e o grau de satisfação do cliente, e informações para detectar eventuais problemas dos veículos quando saem da linha de montagem. As montadoras estimulam a participação dos concessionários nesses programas, concedendo bonificações, incentivos financeiros, desde que os concessionários obtenham uma boa avaliação nas pesquisas. Essas avaliações são feitas seguindo critérios internacionais, geralmente, os mesmos critérios utilizados nas casas matrizes e nos mercados maduros, além de auditorias de qualidade.

Os clientes são contatados periodicamente sobre:

- Aspecto e funcionalidade das instalações;
- Conhecimento do vendedor;

- Simpatia e cordialidade no atendimento;
- Contato após a entrega do veículo;
- Aspecto da recepção e instalações da oficina;
- Qualidade do serviço executado;
- Tempo de espera para atendimento;
- Entrega no dia e horário combinado;
- Transparência sobre custos e serviços.

A garantia é entendida pelas montadoras como um custo que o concessionário deve ter. A margem é estreita, não chega a acarretar prejuízo, mas é próxima a zero no preço da mão de obra/garantia e nas peças que são adquiridas pelo preço de custo. Os fabricantes imaginam que haverá fidelização e que as revendas ganharão dinheiro com serviços. O que nem sempre é verdade.

Gerenciando a própria qualidade

No livro *Clientes para sempre*, de Carl Sewell e Paul Brown, os autores afirmam que:

> preço não é a principal fonte de consumidores constantes e fiéis. Ao contrário do que pensam muitos empresários contemporâneos, a manutenção de um consumidor de automóveis está associada diretamente ao nível do atendimento que este recebeu da empresa e do serviço prestado. Qualidade, bom atendimento e a satisfação de todas as necessidades do cliente fazem mais do que a comparação de cifrões.

Afirmam também que: "O cliente lhe dirá como prestar bons serviços. Certifique-se de perguntar aos clientes o que eles querem, mas seja cortês e não os force a responder". É importante não forçar o cliente a responder e ter cuidado para não incomodá-lo. Política de qualidade não pode ser insistente. "Uma vez sabendo o que é importante devemos nos certificar de que está sendo feito. Então, nós o avaliamos."

Um exemplo da afirmação de Sewell é um questionário simples e de fácil aplicação como:

EXEMPLO DA SEWELL

"GOSTARÍAMOS DE SABER..."

1. Os preços são (menores), (iguais) ou (maiores) em relação à estimativa final? (por favor, assinale uma alternativa.)
2. Seu carro estava pronto no horário prometido?
   ________ Sim ________ Não
3. Esta é a segunda vez para o mesmo reparo?
   ________ Sim ________ Não

Muito obrigado!

A razão dessas perguntas é detectar se as pessoas acreditam que estão empregando bem seu dinheiro; saber se a empresa manteve a palavra e fez o serviço correto na primeira vez. Manter a palavra é uma questão de lealdade. Não é possível prometer algo na hora de realizar a venda ou na entrega da revisão e não cumprir. Se a empresa não for leal com o cliente, este não será com a empresa, pois todo mundo gosta de lealdade.

Os programas de qualidade

Cada montadora possui seu próprio programa de qualidade, que repercute nas revendas. As repercussões são financeiras, econômicas e operacionais, isto porque os programas vinculam as avaliações de qualidade manifestadas pelos clientes a itens como bônus, prêmios, mão de obra garantida, verbas de propaganda, etc. Receitas importantes na composição dos resultados financeiros dos distribuidores.

É fundamental lembrar que a gestão da qualidade depende basicamente de treinamento profissional intenso e contínuo. Os resultados só são alcançados se estiverem amparados em rígidos procedimentos, com acompanhamento permanente das rotinas, conceitos e princípios que norteiam a política de qualidade da empresa. Qualidade é tão importante que deve estar na consciência de todo funcionário, da alta administração à mais humilde função. Essa conscientização permitirá que o cliente seja tratado com atenção, carinho e presteza. Os funcionários da empresa precisam saber que a continuidade de suas carreiras profissionais e a longevidade da empresa dependem de cada cliente. Como já dito inúmeras vezes ao longo deste: "O futuro do negócio da distribuição de veículos está aqui, pois o diferencial não é o produto e sim a qualidade de atendimento e a inovação no trato com o cliente".

7

GERENCIANDO O MARKETING

O NOVO MARKETING MIX

"Tendo em vista que a sua finalidade é criar um cliente, a empresa possui duas — e somente duas — funções básicas: marketing e inovação." A frase é de Peter Drucker, considerado o maior pensador sobre gestão da era contemporânea, o guru dos gurus. Se a empresa é o somatório de marketing e inovação, a atividade de marketing é de grande relevância para as organizações, principalmente para o varejo na área da distribuição de veículos.

Um dos conceitos mais tradicionais de marketing é o marketing mix, por definição, os chamados 4 "P", isto é, preço, produto, promoção e ponto de venda. O que este livro propõe é uma atualização, agregando dois novos elementos: pessoas e processos de qualidade, criando os 6 "P". Essa proposição apoia-se na profunda evolução do segmento automobilístico decorrente das novas necessidades do consumidor e da incorporação permanente de novas tecnologias.

Para Theodore Levitt, um dos "papas" do marketing: "O propósito de uma empresa é conseguir e manter clientes. Sem clientes fiéis e em número suficiente, não há negócios e não há lucro". Marketing é, portanto, uma função organizacional e um conjunto de processos que envolvem a criação, a comunicação e a entrega de valor para os clientes, bem como a administração do relacionamento com eles de modo que beneficie a organização e seu público interessado. O atendimento (pessoas) na fidelização de clientes, para estimulá-lo e encantá-lo (qualidade) de tal forma que ele se sinta desencorajado a procurar um novo produto ou serviço na concorrência, mantendo-se fiel à marca e à empresa que a representa, gerando novas vendas. Marketing é a diferenciação percebida em vantagens competitivas através de:

- Produto
- Preço
- Promoção
- Ponto de venda
- Pessoas
- Qualidade

Analisaremos separadamente cada componente do marketing mix, ressaltando a importância das pessoas em todas as iniciativas e formulações de marketing, uma vez que a inovação depende das pessoas, e é a inovação o principal ingrediente que deve permear cada um dos componentes do marketing mix. Ênfase também na qualidade em seu sentido mais amplo, desde o atendimento, passando pelo entendimento até a qualidade de execução e excelência de resultados. Só através de processos apoiados em premissas, objetivos definidos, disciplina para alcançá-los, dedicação, procedimentos e treinamento é que se alcança a verdadeira qualidade.

Preço

No segmento de distribuição de veículos, o preço de venda é sugerido pela montadora, que considera neste valor a margem comercial contratada entre o fabricante e o distribuidor. Assim, é a margem que determina o espaço de negociação que o concessionário possui para posicionar seu preço no mercado. Ao longo do tempo, porém, as receitas que compõem a margem de lucro foram ampliadas com valores apurados de outras operações direta ou indiretamente ligadas à venda do veículo, como os ganhos oriundos do retorno de financiamento e seguro (F&I), receitas de licenciamento, garantia estendida, acessórios, etc, além do mecanismo de hold back. O hold back surgiu em um período de vendas em queda e estagnação de mercado para manter a margem do concessionário e protegê-la dentro de um patamar mínimo. A montadora retém a referida margem, por um período determinado em contrato, e só a libera decorrido esse tempo, dessa forma preserva a margem, pois o distribuidor não possui dinheiro em caixa para transferi-lo em forma de desconto ao consumidor. Como consequência, a margem é composta por margem comercial, que é a diferença entre preço líquido de compra e preço líquido de venda mais o hold back.

Outros fatores importantes na composição de preço são a avaliação do usado (ver capítulo sobre usados) e a relação entre custo e benefício que o consumidor espera obter na compra.

A utilização de iniciativas de marketing ligadas ao preço, isto é, o preço utilizado como base de ações mercadológicas nem sempre é vantajosa para o segmento de distribuição. O produto vendido é o mesmo comercializado pelos concorrentes de uma mesma marca e produtos semelhantes de outras marcas. Ao determinar o preço, deve-se levar em conta o comportamento da concorrência na precificação dos produtos e a margem de lucro. Sacrificar margem para tornar o preço atrativo é uma prática muito utilizada no setor e sempre gera perdas importantes. Ainda mais quando o posicionamento de valor é de responsabilidade do fabricante e não do distribuidor. A competitividade acirrada nos chamados produtos de entrada ou carros de baixo preço, em que a margem já é estreita, torna imperioso conhecer os custos do negócio, antes de adotar essa estratégia. A atração pelo preço é comum quando o consumidor já possui uma ideia clara sobre faixa de preço em que o veículo desejado está inserido e a comparação passa a ser vantajosa, ou para sensibilizar o consumidor de baixa renda, demonstrando que ele também pode ter acesso ao veículo zero quilômetro.

Negociações que levam em conta uma margem baixa, notadamente quando o resultado final depende da avaliação do usado, do financiamento e de outros elementos, também são nocivas para o concessionário.

O preço deve ser utilizado como instrumento de marketing em casos muito específicos, com folgas na composição do lucro e, principalmente, quando está atrelado a receitas de financiamento que permitem compensações de margem. É uma estratégia que requer criatividade, inovação nas ofertas e ações diferenciadas, tais como: competitividade, taxas especiais de financiamento, garantia estendida, troca com troco, valor de recompra assegurado, etc.

Por fim, é bom lembrar que preço é um dos fatores preponderantes na decisão de compra. Tanto que, quando o mercado está em queda e as montadoras definem preço como instrumento de atratividade, também criam bônus adicionais para as revendas.

Na negociação com o cliente não é só o preço que entra na análise, outros fatores também entram.

No caso de peças de reposição, a precificação dos componentes é sugerida pelas montadoras, só que é mais flexível no que diz respeito à margem. O concessionário pode e deve definir o preço de suas peças considerando o tipo de componente — se é peça cativa ou não —, o tempo de reposição, o giro, a concorrência, etc. Na área de serviços, o preço público de mão de obra é determinado pelo concessionário e o preço/garantia é determinado pelo fabricante. A ação mercadológica se dá com a divulgação de pacotes promocionais que manipulam o valor da mão de obra do concessionário. Existe ainda a diferença de preço em relação às peças do mercado paralelo, isto é, peças produzidas pelas mesmas indústrias que fabricam e fornecem as peças originais. Nesse caso, o preço diferencial é importante e deve ser usado como estratégia de marketing de forma adequada, como visto no capítulo 4.

Produto

O produto é responsabilidade do fabricante. Ao concessionário cabe divulgar e dar ênfase às características do produto e seus diferenciais. É impossível vender um produto que não se conhece em profundidade. Treinamentos de produtos que enfatizam os diferenciais, as vantagens, comparações com a concorrência, são instrumentos fundamentais de convencimento e fechamento de venda. Da mesma forma, o test-drive, pois ele demonstra ao cliente de forma prática, clara e transparente, os reais diferenciais do produto.

O destaque mercadológico dos diferenciais é ferramenta fundamental em qualquer iniciativa de venda, devendo-se destacar itens como: características do produto, segurança, conforto, status, desempenho, consumo, design, estilo, valor de revenda, custo de manutenção, facilidade de reparo, durabilidade, confiabilidade, conformidade com as normas de emissões, etc. Fatores-chave no uso do produto como instrumento mercadológico.

Os produtos de um concessionário, porém, não são unicamente os veículos, mas peças de reposição, acessórios e os serviços de oficina que, geralmente, recebem pouca atenção do distribuidor. Peças de reposição, em alguns casos, são produtos exclusivos que só a montadora produz, ou genéricos, produzidas por outros concorrentes. Ao adotar uma postura mercadológica, essa distinção é importante, pois no primeiro caso o preço não tem base de comparação e no segundo, o fator concorrência é forte.

Quando o produto são os serviços, o diferencial da revenda será a qualidade e a capacidade de inovar, aspectos-chave no tratamento mercadológico deste produto.

É preciso lembrar que os produtos são pensados, desenhados e desenvolvidos para gerações diferentes (X, Y, etc.) que possuem desejos, necessidades e querem ser atendidas de modo diferenciado. Além disso, outras questões, como o meio ambiente, tecnologias de emissões limpas, a busca de combustíveis alternativos, do etanol ao carro elétrico, passando por hidrogênio, bicombustível, etc., são tendências que dominarão o comportamento de marketing de produto nos próximos anos.

Promoção

Básica, fundamental e também de responsabilidade do concessionário, a promoção estimula o mercado e é fator de aumento de giro de estoque, atrai o interesse do cliente, provoca e incentiva o vendedor. A comunicação do esforço promocional para o mercado se dá através da propaganda, promoção de vendas, marketing direto, venda pessoal, relações públicas e assessoria de imprensa, CRM, BDC, internet, etc. Funciona quando é bem elaborada, atendendo as normas já comentadas nos capítulos anteriores.

A promoção não deve ser um evento isolado, e sim, ser constante, possuir clareza, lógica e, principalmente, atratividade para todos os envolvidos. É um instrumento para promover veículos, peças e serviços, bem como, trabalhar e gravar a imagem de marca do concessionário por intermédio da propaganda institucional.

As promoções devem ser diárias para movimentar os produtos que necessitam de giro e devem destacar, isolada ou conjuntamente, preço, forma de pagamento, incentivos, prêmios, vantagens, diferenciação visual, local de exposição, iluminação, entre outros.

Ponto comercial

O fabricante fala ao público através da propaganda, salões de automóveis, da imprensa e de outros meios, inclusive, através do próprio produto que circula pelas ruas, avenidas e estradas e também é uma mensagem persuasiva ao consumidor, como dizia Alfred Sloan. O ponto comercial é o maior patrimônio do distribuidor, já que determina o real potencial de vendas da revenda, assim, deve ser conhecido, pesquisado, analisado e preservado de modo permanente. Conhecer verdadeiramente o ponto comercial é a base de qualquer iniciativa executada ali, do contato pessoal com o cliente à recepção do carro usado na troca e da assistência técnica aos produtos vendidos.

Um ponto de venda se caracteriza pelo claro perfil de clientes que frequentam a loja ou a oficina, cliente este que possui um perfil de renda, de interesse, de consumo, de necessidades que devem, obrigatoriamente, ser conhecidas. O ponto possui também uma zona de influência, direta ou indireta, isto é, os clientes que frequentam a loja e a oficina moram ou trabalham na região, formando uma área que pode ser demarcada simplesmente pelo CEP das notas fiscais emitidas. Esse levantamento revelará a maior ou menor concentração em torno do ponto de venda. Sendo que na compra de veículo zero quilômetro a zona de influência é mais ampla do que a do serviço ou compra de peças. Qualquer iniciativa mercadológica deve basear-se nessas informações para atingir o cliente certo com a mensagem certa.

Pessoas

As pessoas compõem o quinto "P" do marketing mix proposto, pois são as verdadeiras responsáveis pelo sucesso ou insucesso de qualquer iniciativa tomada pela empresa. Para diferenciar-se através das pessoas, os concessionários podem utilizar o endomarketing — estratégia de marketing voltada para o seu público interno — como elemento de ligação entre o cliente, o produto ou o serviço e o funcionário. Vender o produto ou o serviço para o colaborador é tão importante quanto para o cliente. Não é possível transmitir qualquer tipo de mensagem se, ao chegar ao concessionário, o contato com as pessoas da revenda não for condizente e reforçar a mensagem recebida pelo cliente.

Outro ponto importante é a necessidade de inovação. Sem inovar, os diferenciais não são criados e, em consequência, é mais difícil obter resultados. A inovação é feita por pessoas motivadas, participativas, que reconhecem o valor da empresa. A chamada administração à vista surgiu como instrumento de participação de todos na empresa, mostrando evolução, conquistas, ou problemas e limitações que devem ser compartilhados também.

Atrair, motivar e reter uma equipe boa e homogênea destaca um concessionário no mercado e faz a diferença em qualquer iniciativa mercadológica da empresa.

Processos de qualidade

O sexto "P" do marketing mix é o processo de qualidade. Não mais um diferencial, mas condição fundamental que influencia a venda, a fidelização e a lealdade do cliente e os resultados financeiros do concessionário. Somente através da qualidade é que se pode demonstrar lealdade ao cliente.

Qualidade é um termo abrangente que se manifesta em vários aspectos: nos cuidados com o produto, no simples atender de um telefone, no atendimento pessoal, no serviço benfeito na primeira vez, na limpeza, na transparência de informações e atitudes, na comunicação com o cliente, na imagem da empresa, na pesquisa de satisfação e deve fazer parte da política de marketing voltada para a qualidade.

A qualidade será alcançada por intermédio de processos, treinamentos, da cobrança por resultados e retorno de pesquisas. O atendimento da recepcionista, do vendedor, do consultor, do caixa, da telefonista, a eficácia nesses atendimentos, a aparência, o script de conversa, os passos da negociação a serem seguidos, a entrega do veículo vendido ou do serviço executado, a informação dada ao cliente, a ligação feita ao cliente. Cada um desses processos, entre inúmeros outros, precisa estar claramente definido para garantir um padrão e uma forma adequada de cobrança e acompanhamento das metas a serem alcançadas.

Um bom programa de marketing deve contribuir para ressaltar a excelência da qualidade empresarial e é a arma de defesa do concessionário em relação aos concorrentes.

As diferentes mídias

Passamos por diferentes momentos na história da comunicação. Antigamente, era mais fácil conceituar mídia, que era todo o meio de comunicação de massa: jornais, revistas, televisão, rádio, cinema e outdoor. Esses meios de comunicação de massa continuam relevantes, mas hoje mídia é muito mais: TV a cabo, canais UHF, internet, e-mail, games, celular (mobile marketing), blogs, redes sociais, mídia in door e outros. Todos os pontos de contato com o consumidor tornaram-se mídia. A propaganda deixa de ser de massa e objetiva para alcançar os consumidores um a um. É importante que as empresas se mantenham atualizadas sobre as novas mídias, seu público-alvo, sua penetração para falar com os diferentes perfis de consumidores. Entender o impacto de cada uma delas é compulsório para a sobrevivência. O telefone celular, por exemplo, desponta como instrumento de mídia instantânea junto ao cliente.

A grande revolução advinda da internet foi a comunicação em tempo real e a interatividade. O ser humano é cada dia mais tecnológico, atualizado, informado, sempre buscando administrar da melhor forma seu tempo. As iniciativas de marketing não podem mais ser reduzidas a decisões simplistas, como anúncios em jornal, rádio ou televisão. Torna-se obrigatória a necessidade de analisar todas as fontes disponíveis e suas influências. A TV continua a atingir grande parte dos lares e é, portanto, um tiro de canhão, de grande amplitude, mas será que é o melhor investimento do ponto de vista custo *versus* benefício? Dependerá de cada caso e iniciativa. Muitas iniciativas múltiplas podem funcionar em jornal, rádio, TV, internet, celular mídia in door, revistas especializadas e segmentadas, mídia externa, blogs, campanhas dirigidas a clientes específicos com eventos especialmente criados a um determinado perfil de cliente.

A mensagem

Os meios mudam constantemente, mas a mensagem continua sendo o fator de sucesso ou insucesso de uma campanha. É possível escolher a mídia certa para o público correto, no momento adequado, mas se a mensagem for errada, os resultados não virão. A mensagem deve ser clara, objetiva, de fácil e rápido entendimento. A memorização deve ser quase que instantânea. Assim, é preciso eleger as principais informações, pois muitas coisas serão perdidas na visão ou leitura rápida. A ênfase deve ser dada a duas mensagens, no máximo, que compõem a ideia global. Cada mídia utilizada possui sua própria característica e, como tal, precisa ser trabalhada com diferentes propostas. O impacto, surpresa e a criatividade influenciarão a qualidade da resposta. Veja os exemplos dos anúncios poluídos ou cheios de "sopa de letrinhas" e compare com mensagens limpas, objetivas e transparentes, pesquise as reações dos clientes a cada uma das alternativas e se comprova a real força da última.

O objetivo da mensagem será atender a um ou mais dos seguintes pontos:

- Marca do concessionário
- Produto
- Modelo
- Preço
- Financiamento — facilidade de aprovação de crédito
- Entrada
- Valor da prestação, prazo ou carência
- Taxa de juros
- Vantagem ou prêmio
- Facilidade na negociação
- Troca do usado
- Lançamento de produto
- Vantagens comparativas do produto
- Pacotes promocionais
- Formas diferenciadas de pagamento

É preciso determinar com precisão quem é o público-alvo da decisão mercadológica, uma vez que cada perfil implicará uma mensagem dirigida, em uma mídia específica, com apresentação e diferenciais determinados. Os concessionários possuem diferentes perfis de público para as diferentes áreas — carros novos, usados, peças e serviços. Na prática, deve-se comunicar com pessoas com anseios e necessidades diversas. O cliente de carro novo busca oportunidade, solução, status, transparência, etc. O de usado busca prestação que caiba no bolso, tranquilidade com o produto, seriedade na garantia. O de oficina busca rapidez, solução na primeira vez, não deseja ficar sem carro, quer pagar um valor justo, deseja ser ouvido com atenção e cortesia. E o de peças busca a disponibilidade da peça, rapidez de entrega e preço competitivo. Necessidades totalmente distintas que exigem soluções individualizadas.

As pesquisas e o conhecimento do cliente

O único meio de saber se os esforços mercadológicos estão realmente funcionando e surtindo os efeitos necessários são as pesquisas com os clientes. Pesquisas de atendimento em vendas, de pós-venda até as mais complexas, que buscam descobrir formas e atitudes que fazem a diferença para os clientes. Os japoneses possuem a expressão *Genchi Genbutso*, que significa "vá e veja" e reflete a obrigação de pesquisar se tudo está realmente funcionando como deveria. São as pesquisas que fornecem o feedback necessário para alterar, modificar ou até recriar iniciativas, campanhas e mensagens.

A pesquisa de benchmarking possibilita conhecer, aprimorar ou até gerar novas ideias. É obrigação do gestor, em um setor competitivo e em constante mutação, acompanhar atentamente o que acontece a sua volta. Visitar os concorrentes, participar de eventos, palestras, congressos, estar sempre atualizado em relação às ferramentas mais modernas, arejar a cabeça com novas perspectivas, analisar, criticar, identificar vantagens, implantá-las e inová-las. Não é possível cometer o erro da arrogância, pensar que sabe tudo. As coisas mudam e, no dia seguinte, não há mais certezas absolutas, daí a necessidade de estar aberto, ouvir, apreender, analisar, não se deixar levar pelas crises ou momentos de euforia. A tecnologia, as informações em tempo real transformam a realidade a cada instante. Acima de tudo é preciso ter espírito empreendedor, tomar iniciativas e implantá-las.

O mundo remunerará sempre o mais proativo e mais rápido! Com qualidade, óbvio!

Marketing e guerra – tudo a ver!

Em administração sabe-se que estratégia é uma guerra travada pelas empresas contra seus competidores para suplantá-los ou para achar um novo espaço no mercado. Guerra pacífica, no caso do setor automotivo, mas nem por isso menos acirrada. A disputa para obter o melhor market share, o melhor posicionamento é carro a carro. As ações de marketing representam a força aérea, por bombardear o mercado com mensagens persuasivas que ajudam a: vender conceitos, alterar a cultura de consumo, fixar a imagem de marca na mente das pessoas. O trabalho das equipes de vendas assemelha-se ao da infantaria, em que o embate se dá no corpo a corpo, atendendo aos clientes, realizando um sistemático programa de visitas, com vendas inteligentes de serviços por intermédio dos consultores técnicos, pelo trabalho de venda de peças no balcão, ofertas do telemarketing, etc.

A espionagem e a inteligência correspondem à pesquisa de mercado, de satisfação do cliente, informações sobre os concorrentes, visitas técnicas ao mercado, leitura de jornais, revistas, internet, reuniões com a equipe e outros. Gerenciar o marketing em uma revenda de veículos é obter e trabalhar informações estratégicas e, com base nelas, estabelecer estratagemas, metas, táticas e ações necessárias ao cumprimento dos objetivos. Para definir prioridades e tomar as decisões corretas são necessários preparo e profissionalismo que dependerão, em grande parte, da experiência do profissional.

8
A QUESTÃO AMBIENTAL

A INDÚSTRIA AUTOMOBILÍSTICA E O MEIO AMBIENTE

Meio ambiente não é assunto apenas de ambientalistas. É uma questão que diz respeito a todos os cidadãos conscientes da necessidade de proteger o habitat em que vive. Quando o tema é gestão ambiental, não se fala mais em filantropia ou ações voluntárias, mas atitudes compulsórias, obrigações que toda a sociedade e todo o empresariado deve cumprir. Implantar uma política de gestão ambiental é uma variável que precisa ser considerada em todos os processos, em qualquer segmento de negócios.

A indústria automobilística incorporou a ideia de "carros verdes" para deixar de desempenhar o papel de vilã do aquecimento global, atribuído em grande parte à emissão de dióxido de carbono (CO_2) pelos escapamentos dos automóveis e para atender às legislações globais cada vez mais rigorosas.

No Brasil, desde 1986, as montadoras têm de cumprir os parâmetros definidos pelo Programa de Controle da Poluição do Ar por Veículos Automotores (Proconve), plano governamental que abarca o conjunto de leis ambientais que estruturam as metas de emissões para os veículos. Segundo o Instituto Brasileiro do Meio Ambiente e dos Recursos Naturais (Ibama), os carros atuais são 90% menos poluentes do que eram no início do programa. Ao Proconve também cabe promover a qualidade dos combustíveis, desenvolver tecnologia para redução, promover a introdução de inspeção veicular e a conscientização do consumidor.

A indústria responde ao desafio de encontrar alternativas para alimentar os mais de 2 bilhões de veículos que devem rodar pelo mundo até 2050 e manter o ar limpo com tecnologias que, necessariamente, passam pela redução de consumo: carros menores; design aerodinâmico; motores convencionais (à combustão) mais eficientes com baixos índices de emissão de carbono; e fontes alternativas de combustível como o etanol; biodiesel ou óleo vegetal proveniente de várias fontes como mamona, soja, babaçu, dendê, algodão ou girassol misturado ao diesel derivado de petróleo que polui menos e é biodegradável — uma alternativa para veículos comerciais e de passeio —, modelos híbridos, que combinam motor a combustão e elétrico, que transforma o movimento do motor a combustão em eletricidade, utilizada para impulsionar o motor elétrico; 100% elétricos ou plug-in (termo usado pela indústria para classificar os carros elétricos que são recarregados ligando a bateria às tomadas da rede de energia elétrica); movido a hidrogênio; etc. Ela investe na pesquisa de materiais mais leves que possibilitam bom desempenho graças à relação peso-potência, plásticos como o polipropileno, termoplásticos e plásticos reciclados; em fibras naturais como a de coco, sisal e curauá para bancos e revestimentos internos, entre outros.

Parte dos investimentos em meio ambiente nas montadoras estão relacionados aos processos de manufatura. Todas mantêm programas de gestão ambiental, são certificadas com as normas da International Organization for Standardization (ISO) 14.001, que estabelece diretrizes para minimizar o impacto das atividades econômicas, dos produtos e serviços. Programas todas têm, não necessariamente, extensivos à rede de concessionários. Limitam-se a projetos de conscientização, principalmente, no âmbito das revendas já homologadas. No caso de novas concessões há exigências ambientais mais rigorosas que precisam ser cumpridas para receber a homologação e a permissão de funcionamento.

LEGISLAÇÃO

Segundo a Environmental Protection Agency (EPA), em uma revenda grande são gerados mais do que 1.000 quilos de resíduos perigosos por mês. Uma revenda pequena gera entre 100 quilos e 1.000 quilos e há as pequenas geradoras isentas, aquelas que geram entre 1 quilo e 100 quilos de resíduos perigosos por mês.

Dados das montadoras indicam que o volume de resíduos gerados por um carro, no primeiro ano de vida, corresponde a aproximadamente 10,5 litros de óleo, filtros de óleo, combustível e ar, 5 quilos de resíduos como estopa, embalagens, materiais e outros insumos usados em revisões.

Como geradoras de resíduos perigosos, os concessionários de veículos, e todo o setor de serviços automotivos, têm suas próprias regulamentações ambientais, mais severas a cada dia, diga-se. Elas dizem respeito ao controle de resíduos gerados na oficina, descarte e disposição de óleos, baterias, pneus, ruídos, tratamento da água e outros, conforme tabela abaixo.

PRINCIPAIS RESÍDUOS GERADOS NAS REVENDAS DE VEÍCULOS

Filtros e papéis da cabine de pintura	Tambores plásticos (bombonas)
Borra de retífica	Pneus e câmaras de ar
Resíduo e lodo de tinta	Peças e acessórios sucateados
Solvente e químicos	Peças, acessórios em boas condições
Óleo, graxas e lubrificantes usados	Fibras e papéis com resina
Embalagens de óleos e graxas	Resíduo de varrição não perigoso
Embalagens de produtos químicos	Papéis e panos contaminados HC
Metais ferrosos	EPIs usados e abrasivos
Metais não ferrosos	Filtro de óleo
Plásticos de alta densidade	Filtro de gasolina
Resíduo de madeira	Lonas e pastilhas de freio
Papel, plástico e papelão	Pilhas e baterias
Tambores metálicos	Cartuchos de impressoras
Lâmpadas fluorescentes	Resíduos orgânicos (alimentos)

A gestão ambiental adequada, a destinação e o descarte desses materiais são contemplados nas resoluções do Conselho Nacional de Meio Ambiente (Conama). Além de cumprir a legislação, evitar passivos imprevistos no futuro, a gestão ambiental em revendas é uma oportunidade de diferenciar-se em um mercado competitivo, e de cativar clientes mais conscientes, engajados e estimulados pelos meios de comunicação, que divulgam a importância de ser ambientalmente amigável e, dessa forma, influenciam a preferência dos consumidores. Além da excelência do atendimento, entrega do serviço no prazo, qualidade do serviço, os cuidados com o meio ambiente e o marketing dessas ações, representam mais um benefício que mostra respeito, para que o cliente escolha uma revenda em vez de outra.

Uma abordagem amigável que, além das vantagens citadas, pode propiciar ganhos financeiros e oportunidade de novos negócios para as empresas. Fora os investimentos iniciais, de adequação às normas, a gestão ambiental não gera despesas e não pode dar prejuízo. O meio ambiente está cheio de oportunidades, basta identificar e aproveitar, ajustando as instalações, os processos e conscientizando os colaboradores. Se a gestão der prejuízo, algo está muito errado. O lucro indireto advém da imagem da organização, um bem intangível, e de outros, bem palpáveis, como receitas na recuperação e economia de recursos naturais, água e energia, receitas de destinação de resíduos e outras. As oportunidades existem.

As revendas podem implantar um Sistema de Gestão Ambiental (SGA) em conformidade com determinada norma, como por exemplo, a ISO 14001, complexa e exigente. Ou recorrer a institutos independentes como o Instituto de Qualidade Automotiva (IQA), que, através de auditorias e diagnóstico, auxilia a criação de programas próprios de gestão ambiental, mais simples, igualmente eficazes, conferindo um selo verde à empresa.

Revendas abertas após 1998, quando foi promulgada a lei de crimes ambientais (nº 9605/98) iniciaram suas atividades após obterem licença operacional e serem autorizadas também pelos órgãos ambientais (Art. 60) e, em tese, estão em conformidade com as resoluções do Conama no que concerne a processos, matérias-primas, insumos, produtos e resíduos gerados. Em tese, pois, apesar de a lei ser nacional, sua fiscalização e cumprimento não é uniforme. Nos centros urbanos, a questão ambiental está mais comprometida e o impacto é maior devido ao adensamento populacional. Órgãos como a Companhia de Tecnologia de Saneamento Ambiental (Cetesb), em São Paulo, e a Fundação Estadual de Engenharia do Meio Ambiente (Feema), no Rio de Janeiro, têm políticas públicas mais exigentes, a atuação e a fiscalização são mais intensas e consistentes. Em São Paulo, por exemplo, o decreto nº 47.397/02 determina que as empresas que necessitam de licença ambiental para operar devem renovar o licenciamento de forma periódica para continuar funcionando. As licenças emitidas pela Cetesb serão válidas por um período limitado, de dois a cinco anos.

A necessidade de renovação periódica da licença ambiental torna premente se adequar às legislações vigentes. Superando uma das maiores dificuldades para as revendas operarem em conformidade é realizar investimentos em pontos comerciais alugados.

FERRAMENTA PDCA – PLANEJAMENTO, DESENVOLVIMENTO, CONTROLE, AÇÃO

Certificações, selos verdes, programas de gestão ambiental se baseiam em um conceito simples, aplicável a várias áreas do negócio, o Planejamento, Desenvolvimento, Controle, Ação (PDCA). O primeiro passo é o diagnóstico da empresa, que visa saber como está em relação ao atendimento dos requisitos legais, ajudando a definir a política ambiental, levando em conta os pontos fortes e fracos, definindo metas e como atingi-las.

As principais práticas ambientais no dia a dia das revendas são:

- Controle de resíduos gerados na oficina (óleo usado, filtros, fluido de freio, efluentes, baterias, pneus, peças);
- Reciclagem de materiais;
- Controle do consumo de água e energia elétrica.

Desenvolvimento

Na fase de desenvolvimento as revendas devem definir fornecedores aptos e autorizados a coletar os resíduos, definir as práticas operacionais diárias, os treinamentos que devem ser ministrados aos colaboradores, a área de armazenagem de resíduos e produtos químicos e os equipamentos para controlar o meio ambiente.

Controle

O controle pressupõe avaliar os equipamentos escolhidos para verificar se estão dando conta do recado, monitorar os efluentes, se a legislação e suas atualizações estão sendo atendidas. É na análise/controle, que os resultados são gerados e verificados, quando se avalia se as metas foram atingidas ou não e se houve redução de despesas. Essa etapa define, de modo permanente e constante, novas ações.

Óleos lubrificantes e combustíveis

A atividade de destinação de óleos está regulada na resolução 362 do Conama, que classifica o óleo lubrificante usado como resíduo perigoso, com potencial de contaminar as águas (lençóis freáticos) e o solo. O vazamento e/ou a combustão de combustíveis, derivados e dos gases residuais podem causar incêndio ou comprometer a saúde do trabalhador por sua toxicidade. Assim, todo o óleo lubrificante usado ou contaminado deverá ser recolhido, coletado e ter destinação final, de modo que não afete negativamente o meio ambiente e propicie a máxima recuperação dos constituintes nele contidos. O coletor é uma empresa autorizada pela Agência Nacional do Petróleo (ANP) e licenciada pelo órgão ambiental competente.

Quem produz, importa ou revende óleo lubrificante, bem como o consumidor, é responsável pelo recolhimento e destinação. Sendo que o consumidor deve devolvê-lo ao revendedor. É importante certificar-se de que a empresa coletora é autorizada, pois a responsabilidade não cessa. Óleo é dinheiro, um recurso que não pode ser desprezado, pois é reaproveitado e reutilizado na cadeia produtiva.

Não há parametrizações predefinidas do tipo "atende Y veículos/dia gera X/ litros de resíduo". Essa informação depende do porte da empresa, dos processos, da linha de reparo, do tipo de atendimento na área de serviço e até da localização. Se a revenda está localizada em um local mais rico, maiores são as chances de atender veículos top de linha, que usam óleos sintéticos, se está em um local mais pobre, atende principalmente veículos pequenos, que utilizam mais óleo mineral. Não só a quantidade de óleo define a quantidade e o tipo de resíduo, mas as demais atividades com limpeza — o ambiente sempre limpo gera menos efluentes —, a conscientização dos colaboradores para não desperdiçar óleo da embalagem, trocar apenas quando houver necessidade, etc.

A área da revenda para troca de óleo precisa ser adequada, com tanque subterrâneo, ou outro recurso que impeça vazamento, contato com concreto e a contaminação do solo, sob pena de vultosos gastos no futuro para recuperar a área e o passivo ambiental. Gastos esses infinitamente maiores do que os investimentos necessários para a implantação da política ambiental.

Químicos

Outra questão são os produtos químicos, como tintas. O tema é regulado por resoluções do Conama e portarias do Ministério do Trabalho. Todos os solventes utilizados devem ter um nível de contaminante, no máximo de 0,01%

de acordo com portaria do MT (775). A maioria dos concessionários já deve ter abandonado a pintura à base de pó, que libera na atmosfera material particulado invisível e quanto menor a partícula maior o risco para a população do entorno e para os colaboradores. Antes de serem jogadas na atmosfera, as partículas devem passar por um sistema de filtros (chamado manga), lavador de gases e captação dos vapores. A pintura à base de solvente, que evapora e vai para a atmosfera, também traz risco e potencial de dano aos colaboradores e ao meio ambiente. O processo ideal utiliza pintura à base de água, em cabines de pintura até para micropinturas; sistema de filtragem e exaustão, que devem ser trocadas constantemente para que a névoa não saia da cabine; funcionários com máscaras e outros equipamentos de proteção; utilização de pistolas de pintura específicas, para maior rendimento e menor perda, como as pistolas de alto volume e baixa pressão (DLP). Enquanto as pistolas convencionais jogam para a chapa 47% de tinta e deixam 53% evaporar, as DLP jogam 78% de tinta na chapa e só 12% evaporam. Economia, eliminando desperdício com qualidade de serviço.

A preocupação na área de funilaria e pintura é o empapelamento do carro. Antes feito com jornal, depois com papel próprio. Os processos mais avançados não usam papel mais solvente à base de água. Pulverizando o veículo todo com o produto para tirar os excessos, respingos e deixando de usar papel, há menos resíduos (papel contaminado). Outras legislações dizem respeito ao manuseio de tintas e outros químicos, armazenagem, informação de segurança, requisitos mínimos de qualificação para a função de pintores, e o gerenciamento dessas qualificações para que os padrões não se alterem com a rotatividade de funcionários, conscientização de todos os colaboradores, para não haver quebra de padrão.

Baterias, pneus, resíduos

A resolução 357/05 do Conama trata da disposição final dos pneus inservíveis, das baterias automotivas e da comercialização do óleo usado recolhido. As baterias, diz a legislação, devem ser recondicionadas e encaminhadas para um órgão com autorização para recondicioná-las. Não podem ser armazenadas em qualquer lugar devido ao risco de explosão. Há cuidados com estocagem, manuseio, validade do material. Pneus também são um passivo ambiental e devem ser encaminhados para uma empresa com autorização para recondicionar, ou, quando não houver mais possibilidade de uso, reciclar e transformar em outros materiais como tapetes de borracha. É obrigatório adotar procedimentos que auxiliem na coleta de pneus, distribuidores, revendedores, quem conserta e os consumidores finais, com o auxílio de fabricantes e importadores de pneus. O objetivo é que um pneu seja recolhido há cada quatro pneus novos fabricados.

Uma das principais questões é a destinação de resíduos, pois exige envolvimento de diversas áreas da empresa no sistema de gestão integrada, para que as ações de minimização sejam efetivadas (Conama 313). Todos os resíduos gerados por uma organização devem ser inventariados e no prazo estabelecido por lei, protocolado no órgão ambiental. Ou seja, acompanha a geração de resíduos mensalmente, quanto gera, e, por exemplo, uma vez por ano, comunica ao órgão ambiental para quais empresas os resíduos foram encaminhados. Essas empresas devem estar aprovadas no órgão ambiental para receber esses resíduos. Os resíduos contaminados incluem tintas, produtos químicos, óleos, graxas e derivados (papel, pano, lixa, estopa, embalagem, massa plástica).

Embalagem contaminada com óleo e estopas são resíduos perigosos e devem ter destinação adequada. O uso e o descarte imediato, sem reuso, não pode ser feito em lixo comum. Em algumas empresas já há um movimento de substituir a estopa por panos que podem ser lavados por empresas especializadas e reutilizados.

Outros resíduos são: geração de efluentes (água, tintas e solventes, óleos e derivados), uso (desperdício) de energia e água, risco de vazamento de produtos inflamáveis, corrosivos e perigosos, risco de incêndio e explosões com produtos inflamáveis, emissões de ruídos, emissão de material particulado, gases e vapores poluentes. As atividades de maior impacto correspondem à área de solda, funilaria, pintura, manutenção, mecânica e lavagem de veículos, motores e peças, que resultam em geração de resíduos e efluentes que podem provocar contaminação do solo, água e ar. O problema é que há poucas empresas licenciadas para recolher todos os tipos de resíduos gerados. Nos grandes centros urbanos, em locais mais distantes e menores, simplesmente não há, é necessário recorrer a empresas de fora, o que implica custo de transporte. A consequência disso é que os resíduos acabam indo para caçambas de entulho, que recebem embalagens de óleo, materiais contaminados com hidrocarbonetos, tintas, solventes e químicos danosos. Essas empresas também não fornecem nenhum documento oficial aos concessionários, responsabilizando-se pelo destino final correto desses resíduos, que acabam descartados irregularmente em lixões e terrenos baldios por falta de opção.

Todas as legislações pertinentes ao setor podem ser conhecidas em detalhes no site do Conama.

Reutilização e reciclagem de água

O primeiro ponto a considerar é de onde vem a água, da rede de abastecimento ou de poço de captação? No segundo caso, é preciso se preocupar com a outorga da empresa de captação e abastecimento. Seja da rede, seja de poço artesiano, a água tem um custo passível de ser reduzido. O mais importante, no entanto, é o não descarte do recurso natural que pode colaborar com o aumento da oferta de água potável para o abastecimento, caso do reuso da água da lavagem de veículos. Estudos apontam que os sistemas de reúso geram uma economia de até 80% de água. A água que escorre na lavagem tem concentração de óleo e não pode ir direto para a rede coletora, no entanto, após tratamento pode ser usada até seis vezes sem prejudicar os veículos. A água da lavagem deve ser recolhida por meio de canaletas e, de início, é levada para um tanque de sedimentação, onde a areia se deposita no fundo e os resíduos de óleo e graxa ficam na superfície. A água passa pelo separador de óleo antes de ir para um reservatório e ser reaproveitada com o uso de cloro durante o tratamento. E o óleo retido pelo separador pode ser vendido para reciclagem.

O custo da implantação de um sistema de reúso de água depende da dimensão da revenda, das instalações de lavagem e do método que será utilizado, flotação ou floculação e sedimentação.

Parametrizações

Não há parametrizações preestabelecidas. É preciso começar a monitorar, formar um histórico com dados de seis meses ou um ano, por exemplo, para depois estabelecer metas de redução. O motivo para não existir parâmetros é que as variáveis são muitas: quantidade de serviços, de resíduos, tamanho da oficina, serviços mais comuns, etc. Com o histórico gerado e com a evolução acompanhada cotidianamente, é possível estabelecer metas mais ambiciosas. Definir e monitorar indicadores de performance permite detectar falhas e ineficiências no processo. Se o serviço executado for equivalente à revisão de cinquenta veículos/dia, qual a quantidade de resíduo gerado? É um indicador. E há outros: para onde são enviados os resíduos? Quanto custa a reparação de um veículo de modo ambientalmente correto? Quantos metros cúbicos de efluente são gerados? Qual o consumo de energia mensal? Se os equipamentos forem dimensionados para atender à necessidade, nem a mais, nem a menos, haverá economia? Qual o gasto de água? A reutilização não reduziria esse custo? A gestão ambiental permite reavaliar e redimensionar todo o sistema do concessionário. A análise trará ganhos com a melhoria contínua.

Para isso, dentro da organização, será necessária uma pessoa com qualificação para entender as reais necessidades, acompanhar as atualizações e modificações na legislação. Não há a necessidade de uma pessoa dedicada somente para gerir o meio ambiente, sob pena de encarecer o sistema. Gerentes ou supervisores de oficina, ou responsáveis pelos serviços de manutenção são os mais indicados para administrar essa questão, pela proximidade com a rotina, aliando as responsabilidades da atividade com a função atual e agregando mais conhecimento.

Para obter sucesso no final do processo é necessário o comprometimento da alta direção. A gestão ambiental é parte de um sistema global de administração que provê ordenamento e consistência para que as organizações abordem suas preocupações ambientais, através da alocação de recursos, definição de responsabilidades e avaliação contínua de práticas, procedimentos e processos, voltados para planejar, implementar, verificar e analisar criticamente pela alta administração, de modo a manter a política ambiental estabelecida pela empresa.

A política ambiental define regras para que os colaboradores cumpram, logo, deve informar e conscientizar seus colaboradores, que se tornarão multiplicadores das melhorias ecoeficientes fora dos limites da empresa.

No momento zero das atividades rotineiras, as pessoas precisam estar conscientes e já separar peças com óleo e sem óleo, embalagens contaminadas e sem contaminação, etc. e adotar os cuidados necessários. Como exemplo, não colocar peças contaminadas no concreto, ou em lugares sem proteção, que permitam vazamento, porque isso pode contaminar o solo e gerar um passivo ambiental. Separar os diferentes tipos de resíduo, o que são estopa, óleo, papelão contaminado e não contaminado, separar peças não mais aproveitáveis, baterias. Ir além da área de segregação de resíduos, mas duas áreas específicas, uma de produtos químicos e outra de resíduos, áreas cobertas, com solo impermeabilizado. As peças que não têm mais aproveitamento devem ser colocadas em tambor, e assim para cada resíduo diferente, ou tanque para todo o óleo, etc., até atingir determinada quantidade e chamar as empresas responsáveis pela destinação dos diferentes tipos de resíduos.

Para que todos os funcionários possam contribuir com soluções para os problemas ambientais, devem ser feitos treinamentos de transmissão de conhecimento para conscientização, porque a gestão ambiental eficiente dependerá das pessoas. De nada adianta definir políticas se não forem cumpridas. O sistema estará implementado quando o comprometimento for incorporado ao hábito.

A política ambiental deve incluir a operação inteira, área de escritório inclusive. Dependendo do tamanho da empresa e do número de funcionários, implanta-se a coleta seletiva também com os efluentes domésticos que, por sua vez, pode ser extensiva à comunidade do entorno, despertando a atenção dos clientes, estimulando-os a voltar sempre.

Políticas ambientais devem ser pensadas estrategicamente e com visão de longo prazo. Os resultados aparecerão em torno de um ano.

UM MENTOR EXPERIENTE

Até o final dos anos 1990, os executivos e gestores desse importante segmento de distribuição de veículos eram formados pelas escolas da vida e nas mais variadas carreiras acadêmicas. Hoje, em pleno século XXI, com o mercado caminhando para uma adiantada fase de amadurecimento, a formação de profissionais com conhecimento e foco é uma imperiosa necessidade dessa atividade tão competitiva. Para se ter uma ideia, o setor de distribuição automotiva movimentou em 2010 130 bilhões de reais, o que equivale a 5 % do PIB brasileiro, gerando 325.000 empregos diretos (três vezes mais que a indústria automotiva), distribuídos por 6.223 revendas associadas, de acordo com o balanço da Fenabrave em 2010.

O mercado dobrou de tamanho e a disponibilidade de profissionais qualificados não cresceu na mesma velocidade, criando, assim, oportunidades para carreiras muito bem remuneradas atualmente no setor.

Valdner Papa talvez tenha sido um dos primeiros empresários do setor a ser profissional da área e ao mesmo tempo se preocupar em buscar formação técnica e acadêmica especializada em concessionários de veículos. Foi sua a iniciativa de trazer ao Brasil a Northwood University, da Flórida, que, juntamente com a Fundação Armando Álvares Penteado (FAAP), formataram e ministraram o primeiro curso de especialização para gestores de revendas no país. Nessa ação pioneira, além de mentor e estruturador dos cursos, foi também um excelente professor, muito bem-avaliado, que ministrou aulas Brasil afora. A experiência e o conhecimento que ele acumulou nesses anos na atividade estão registradas nestas páginas que, certamente, muito contribuirão para a formação e o aperfeiçoamento dos gestores que estão ou estarão à frente dessa atividade tão fascinante e desafiadora que é a distribuição de veículos.

Flávio A. Meneghetti,

presidente do Grupo Marajó, ex-presidente da Abracaf
e vice-presidente da Fenabrave

UM EXEMPLO A SER SEGUIDO

É patente que a razão e a sustentabilidade econômicas dependem do elo da distribuição, que se realiza através do instituto jurídico da concessão comercial, em relações de tal importância, que se disciplinam pela lei, que é do conhecimento geral.

Por sua vez, a concessão de veículos automotores abrange complexidades específicas, que exigem a sua ciência teórica, para assenhorear-se do que se trata, e o exercício prático das atividades que lhe são inerentes, a fim de realizar os seus fins e assegurar, como em qualquer empreendimento econômico, a obtenção de resultados positivos, que constituem a seiva da manutenção e do progresso empresarial e social, em cujo quadro cabe ao concedente conferir todos os meios de consecução, a par da evidência de que quanto mais forte a rede de concessionários tanto mais forte a indústria.

Valdner Papa é um mestre nessa matéria, graças aos seus estudos e magistério, bem como às suas múltiplas tarefas, das quais se menciona sua iniciativa no sentido da parceria entre a Northwood University, da Flórida, e a Fundação Armando Álvares Penteado (FAAP). Posteriormente, com a Escola Superior de Propaganda e Marketing (ESPM), a Escola de Negócios Trevisan e a Fundação Dom Cabral, que organizaram no país os cursos de especialização para gestores de revendas, em que ele foi um dos professores.

Agora, abordando a administração e a operacionalidade das revendas, Valdner oferece nova e eficiente contribuição com o livro *Gestão de concessionários de veículos*, que teve a participação do saudoso Carlos Riquena, cujo lavor certamente se prestará de esteio aos concessionários e aos concedentes, como a qualquer interessado, configurando os seus trabalhos um exemplo a ser seguido.

Renato Ferrari,

presidente do Conselho Diretivo da Academia Internacional de Direito e Economia

Designado Lei Renato Ferrari, o diploma legal que disciplina as relações entre concedentes e concessionários Titulado Decano da Advocacia Paulista pela Ordem dos Advogados do Brasil — Seção São Paulo

UM LIVRO DE MESTRE

Valdner Papa é um disseminador de conhecimento, um formador de gerações de empresários, um semeador do saber. Este livro é uma lição extraordinária, que deve ser estudada por todos que valorizam a inteligência empresarial.

Pioneiro entre os concessionários Fiat no Brasil, através da Mirafiori, manteve sua empresa como a de maior volume de vendas no país até 1993. Valdner Papa foi presidente da Associação Brasileira dos Revendedores de Automóveis Fiat (Abracaf), no biênio 1991-1992, quando enfrentou e venceu, com muita habilidade, uma época de sobressaltos na economia que estressavam os relacionamentos entre montadoras e revendedores.

Um inovador, um líder, um professor de rara capacidade didática, Valdner Papa sabe, como ninguém, fundir erudição com pragmatismo. Expressa-se com clareza, seja na linguagem acadêmica, seja no falar das ruas, ou nos dialetos dos showrooms. É um mestre.

Este livro é mais uma aula, ou melhor, é mais um curso de nível superior. Leia e assimile as lições de uma pessoa de grande caráter.

Luiz Romero Farias,
presidente da Abracaf

UMA VALIOSA UNIÃO ENTRE TEORIA E PRÁTICA

É com prazer e com um pouco de saudade que relembro a relação de amizade de quase trinta anos com Valdner Papa.

Sua militância no setor, seja como concessionário, seja como estudioso e docente, agora é transformada em livro graças a seu espírito solidário. Uma soma valiosa que une a teoria e a prática, tornando-se fundamental para que o empreendedor da área de veículos e aqueles que desejem dela participar tenham um ferramental que acumula de forma sintética e objetiva o que melhor pode ser oferecido para sua autorrealização.

Parabenizo-o pela iniciativa e tenho plena convicção de que o setor ficará muito grato por mais esta contribuição que o amigo presta ao nosso segmento empresarial.

Alencar Burti

Empresário do segmento de concessionários, presidiu a Federação Nacional da Distribuição de Veículos Automotores (Fenabrave), ex-presidente da Associação Comercial de São Paulo (ACSP) e da Federação das Associações Comerciais do Estado de São Paulo (Facesp). Presidente do Conselho Deliberativo do Serviço Brasileiro de Apoio às Micro e Pequenas Empresas (SEBRAE-SP).